ゴルフは100球打つより見てなんぼ！

タケ小山 *take koyama*

ゴルフダイジェスト新書

目次

第2章 プロの「技」を目で盗む

第3章　プロの「戦略」からスコアメークのコツを学ぶ

第4章 プロの試合はこうしてできた

第5章

プロの「練習」を真似して上手くなる

装丁 副田高行
表紙イラスト 橋本幸規
組版 スタジオパトリ
編集協力 舟山俊之
マーク 藤枝リュウジ
写真 姉﨑正・有原裕晶・青木慶太・岩井基剛・岡沢裕行・大澤進二・西本政明・三木崇徳・渡部義一

はじめに

「キレイなスウィングを手に入れたい！」

ゴルファーだったら、だれもがそう思うでしょう。スウィングがよくなればスコアは一気に上がり、シングル入りも見えてくる、という魔法のようなレッスンもたくさんあります。

しかし、アナタの周りのシングルプレーヤーはどうでしょうか。アナタよりも上手い会社の上司や先輩のスウィングはキレイですか。何を基本として、〝キレイなスウィング〟というのでしょうか。

それほどスウィングには幅があり、グレーなゾーンなのです。ですから、この本には、「よいスウィングを作るレッスン」はありません。キレイなスウィングがよいスコアを叩き出す、という方程式を否定はしませんが、アマチュアの皆さんには、もっと違う方法で、カンタンに上達する方法を紹介したいと思っています。

――百聞は一見にしかず。

そうなのです！　上手くなるために一番大切なことは、「見ること」です。

私は、1996年から日本へ向けて放送が開始された、米国ゴルフ専門局『ゴルフチャンネル』で解説業に携わり、現在は日本で唯一のゴルフ専門局『ゴルフネットワーク』などで解説をしています。多いときは、年間の試合解説数が50を超えます。単純に50試合といっても、50試合×4日間、1日の放送時間は最短3時間、最長7時間にも及びますので、年間600時間以上も、トッププロたちのプレーを見ることになります。

小さなモニターを通して、選手たちの一挙手一投足を見る。すると、勝てる選手と勝てない選手の理由が、はっきりとわかってきたのです。また、私自身もプロとして渡米して以来、なかなか勝つことができなかったのですが、解説業をするようになってから、勝てるようになり、「見ること」の重要性に気づいたのです。

皆さんも、もちろん、週末にテレビでゴルフ観戦をするでしょう。なかには、試合会場で選手の生のプレーを見ている、という熱心なファンもいるかと思います。

そのときに、ちょっと視点を変えてみてください。ティショットを打ったプロの豪快なスウィング、狙いどおりに球を運ぶ技術に感心するだけでなく、「なぜこのプロは、このホールでドライバーを握ったのか」「なぜ同伴のプロは、アイアンを握り、同じホールを攻めたのか」ということを考えてみるのです。

ティショットというたったワンシーンのなかにも、たくさんの「なぜ?」があります。選手たちのスウィングはもちろん、振る舞いや作法をしっかり見て、その動きの意味を考えることこそが、スコアアップにも繋がるのです。

第1章　プロの試合はこう見る！

野茂投手のメジャー挑戦が日本のゴルフ界を変えた

ゴルフに限らず、スポーツイベントは生放送（ライブ）で見ることが大前提であり、それこそが最大の魅力です。しかし、日本のゴルフ中継は、つい最近まで専門の放送局がなく、地上波では新聞社やテレビ局が主催する大会でさえ、試合終了まで放送されることはありませんでした。

1980年代の半ばまで、日本の国内ツアーは中継で見られても、世界最高峰の米ツアー（USPGAツアー）や、欧州ツアーを見る機会は、ほとんど皆無。唯一、米ツアーを中心とした海外ツアーの情報を得られたのは、日本テレビが放映権を買い、週末の夜に前週のトーナメントをダイジェストで放送していた、『ビッグイベントゴルフ』だけでした。

そんな日本のゴルフ中継の現状を、ガラリと変えるきっかけを作ってくれたのが、実はアメリカのメジャーリーグで活躍した、野茂英雄投手なのです。

1995年、野茂投手は太平洋を渡り、メジャーリーグのロサンゼルス・ドジャースに移籍しました。

このときに、NHKが、野茂投手が登板する試合をBS局で放送するために、メジャーリーグの放映権を買ったのですが、「一緒に米ツアーの放映権も買わないか？」という話になり、メジャーリーグとツアーの放映権をまとめて買うことになったのです。

ちなみに、当時のNHK会長は、奇しくも、日本ゴルフツアー機構（JGTO）の現会長である海老沢勝二さんでした。

NHKが放映権を買ったことで、それまでは『ビッグイベントゴルフ』でしか見ることができなかった米ツアーが、ようやく

ゴルファーの憧れ『ビッグイベントゴルフ』

「ゴルフファンのみなさん、ご機嫌いかがでしょうか。ビッグイベントゴルフのお時間です」という、城達也さんの独特のナレーションで始まる、30分間の海外ゴルフ中継番組。世界のトッププロたちのプレーや、素晴らしいコースを見ることができ、この番組を見て、多くのゴルファーが海外ツアーに憧れた。筆者も、そのなかのひとりで、のちに渡米するきっかけにもなった

ライブで見られるようになりました。

野茂投手がメジャーリーグへ移籍し、その後、大活躍したことがきっかけで、次々に海を渡る選手が現れ、個人のレベルが上がり、また同時に、日本の野球全体のレベルも向上しました。

そして、ゴルフでは、日本にいながらにして、世界トップレベルのプレーがライブで見られるようになり、欧米の最先端のスウィング理論やテクニックなどが、情報として日本に入ってくるようになりました。この移籍は、野球界だけでなく、ゴルフ界にとっても、多くの財産を残してくれたといっても過言ではありません。

人気選手のプレーを効率よく観戦できる民放局

多くのゴルファーが「ゴルフを見る」ときに、真っ先にチャンネルを合わせるのは、おそらく地上波で放送している国内ツアーでしょう。

地上波の場合、NHKでは「ナショナルオープン」といわれる日本オープンと日本女子オープン、それに日本ツアー選手権（前身の大会はPGAフィランソロピー）を中継し、民放局では、それ以外の試合を中継していることは、説明するまでもないでしょう。

NHKのスポーツ番組に対する姿勢は、基本的にライブを重要視しています。ですから、試合の流れをしっかり追えるし、録画編集ではないので、臨場感を味わえます。ただ、放送時間の枠に限りがあるので、どうしても試合途中からの中継になってしまう。また、ゴルフ中継が年間3試合しかない。それがちょっと残念なところです。

一方、地上波の民放局の場合は、人気のある選手を中心に放送する場合が多く、たとえば「石川遼選手の今日のプレーはどうだったかな」「池田勇太選手のスウィングが見たいな」というファンには、効率よくたっぷり見ることができます。

しかも、スーパースローカメラで撮ったプロのスウィングを、じっくり見ることができたり、データ放送でスコアの詳細がすぐ検索できたりもします。しかし、優勝争いにまったく関係ない選手でも、人気がある、試合を主催しているスポンサーと契約している、という理由だけで、何度もハイライト映像を流すということもよくあるので、ゴルフというゲームを楽しむという部分では、少し物足りなさを感じるファンもいるかもしれません。

試合の流れを重視するCS局

ゴルフというゲームは、4日間72ホールで争われる、マラソンのような長丁場のゲームです。初日のスタートホールの1打目から、最終日最終ホールでカップインするまで、1打1打をすべて追っていくことで成立するドラマだと考えれば、やはり、臨場感もほしい。そういう面で私がオススメしたいのが、CSゴルフ専門局です。
ＣＳ局のいちばんよいところは、なんといってもライブで見られるということでしょう。世界最古のメジャー大会・全英オープンも、初日のトップスタートの組から、最終組がホールアウトするまで、完全生中継してくれる。ですから、テレビの画面を通してでも、ライブ感が味わえます。

中継は、試合の流れと優勝争いが、何よりも重視されるので、日本の地上波のように、画の作りとして面白い、スポンサーへ配慮する、という観点から映像を編集していくことはありません。たとえタイガー・ウッズ選手が出場していても、優勝争いに

ゴルフ専門局の誕生

1995年にアメリカのCS局『ゴルフ・チャンネル』が設立されたのが、ゴルフ専門局の始まり。その翌年の秋に、日本ケーブルテレビジョン（JCTV）が、『ゴルフ・チャンネル』の放映権を買い、日本でも欧州ツアーなどの中継が見られるようになった。その後、ゴルフ事業も手掛けている日本の企業が共同で、日本独自の『ゴルフネットワーク』という専門局を立ち上げ、米ツアーをはじめ世界各国のツアーや地上波で放送されない国内ツアーの初日、２日目の試合を放送するようになった。現在は『ゴルフ・チャンネル』の番組を『ゴルフネットワーク』で放送、日本のゴルフ専門放送局は『ゴルフネットワーク』に一本化された

絡んでいなければ、映像にはほとんど出てこないし、もちろん1日のハイライトを流すこともない。ホール・バイ・ホールの結果だけ見せて、短く解説しておしまいです。

実は、タイガーが全盛の頃、アメリカでも生中継でタイガーばかりを映していた時代が少しだけありました。しかし、視聴者から「優勝争いを見せろ」という苦情が相次いで、次第にもとの勝負重視の中継に戻ったという経緯があります。

そういう意味では、欧米のゴルフファンは、スポーツ中継の本質をちゃんと理解していて、間違ったことには、はっきり「ノー！」といえる。

日本でもCS局のような生中継が主流になっていけば、ファンの意識も、これまでの「人気のある選手が見たい！」から、「純粋にゴルフのゲームが見たいんだ！」というように変わっていくのではないでしょうか。ゴルフの見かたが変わり、それが、日本のゴルフ界全体の成熟にも繋がっていけば最高ですね。

アメリカはツアー側が番組を制作

では、なぜNHKやCS局での欧米ツアーの中継と、日本の地上波の中継に違いがあるのでしょうか。

それは、日本の地上波放送局の場合は、テレビ局のスポーツ担当が番組を制作しているのに対し、米ツアーでは、『PGAツアープロダクション』という、米ツアーが設立した、ゴルフ中継だけを専門に行う会社が番組を制作しているからです。まず、ここが大きな違いです。

ツアー側が試合の映像も独自で制作管理するので、ゴルフの試合だけを担当している専門のディレクターやプロデューサーがついています。日本のテレビ局のように、ひとつのトーナメント中継が終わったら、次は2カ月先まで中継がなく、その間は他の競技の中継など担当し、ゴルフに関しては空白状態、ということがありません。その試合に至るまでの賞金王争いの行方や各プレーヤーの情報を、ディレクターやプロデューサーが年間を通して追っているので、中継のクオリティがすこぶる高いのです。

私がアメリカで試合に出ていた頃も、スタッフが朝イチバンから万全の態勢で中継をしていて、優勝争いを繰り広げている最終組の選手が、スタート前のドライビングレンジに入ってくるところから、ライブでずっと流していました。

たとえば、最終日最終組で優勝争いをしているタイガー・ウッズ選手が、スタートホールのティアップまでにどのくらいの時間をかけてウォームアップするのかとか、どんな練習をしているのかといった、貴重な情報も知ることができる。こういう部分は、ゴルフ中継を専門にしている局だからこそ、できることでしょう。

中継に必要な資料や原稿だって、日本の場合は局が用意したものを渡されて、それを読んで、ときには補足したりするだけですが、欧米の中継では実況を担当するアナウンサーや解説者が、すべて自分で作成して持ち込んでいるのです。

さらに、各ホールにはそれぞれ担当の解説者がついていて、注目の選手がそのホールにくると、メインキャスターの呼びかけで中継が切り替わります。

「12番のゲーリー・マッコード、そっちはどうなってる？」

というように呼びかけると、ゲーリーがホールの隅々まで解説してくれて、実況までやってメインキャスターに返すのです。

アメリカでは、たとえば歯医者でも検査だけする医師、抜歯するだけの医師、矯正を専門にする医師と、あらゆるものが分業化されています。

それはゴルフ中継も同じで、それぞれのスペシャリストが揃っていて、試合の状況を正確に把握しながら番組が作られていくから、見る側もまるで現場にいるような臨場感を味わえるのです。

日本でもJGTOが欧米のような専門のプロダクションを持ってくれれば、ゴルフ中継の質もグンとアップするはずです。近い将来、そういうアクションが起ることを、私は期待しています。

日米『トーシン事件』に見るゴルフ中継の商品価値

ここでひとつ、日本とアメリカのゴルフ中継に対する取り組み方の違いが、如実にわかる事例を紹介しましょう。

まだ記憶に新しいと思いますが、12年の国内男子ツアー『トーシンゴルフトーナメント』（涼仙ゴルフ倶楽部）で、異例の事態が起こりました。

優勝争いは池田勇太選手と呉阿順選手。プレーオフに持ち込まれましたが、本戦が雷雨で中断されたこともあり、すでにコース内は真っ暗でした。

18番ホールを使用したプレーオフは、1ホール目で決着がつかず、2ホール目からは距離を短縮して強行。ようやく、4ホール目でピンまで45ヤード地点から、まるでバラエティ番組のような、アプローチとパット勝負で決着しました（呉選手が優勝）。こんなことは、世界のゴルフ史でも初めてのことでしょう。

なぜこんなことが起きてしまったのか。それは大会を主管するＪＧＴＯが不測の事態に備えて翌日に予備日を取っていなかったり、テレビ中継の問題などがあって、翌日にプレーオフを持ち越せなかったからです。

実は、これと同じような状況がアメリカでもありました。03年にフロリダ州のドラルゴルフリゾートで開催された、『フォード選手権』でのことです。

ジム・フューリック選手とスコット・ホーク選手が同スコアでホールアウトし、優勝争いは２人のプレーオフに突入。その２ホール目、ホーク選手は約３メートル、フューリック選手は約２メートルのバーディチャンスを迎えていました。

ところが、グリーンに上がっ

３日目が中止になり、54ホールに短縮されて行われた12年のトーシンゴルフトーナメント。「ティグラウンドからプレーを始めない」前代未聞の方式で優勝が決まった

てきたホーク選手が、「暗くてラインが読めない」とプレーを中断して、競技委員に「翌日に持ち越したい」と訴えたから、さあ大変です。

大会運営サイドも、フューリック選手も、できれば日曜日に終わらせて帰りたいわけです。しかも、その試合の中継枠は18時までで、18時からはアメリカ人が大好きなNFL（アメリカンフットボールのプロリーグ）の中継も入っている。

それでもホーク選手は「打たない」といって主張を譲らない。結局、運営サイドもフューリック選手も折れて、プレーオフは翌日に持ち越しになったのです。

当時、私はその中継を現地のテレビで見ていて、「明日の朝のプレーオフはさすがに中継しないだろう」と思っていました。しかし、画面に字幕スーパーが流れて、「明日の8時から再開されるプレーオフは、ご覧のチャンネルで放送します」というからビックリ！

その時間は、『グッドモーニング・アメリカ』という、アメリカ人だったら誰もが楽しみにしている、朝のワイドショーの時間帯です。しかも、前日のゴルフ中継と『グッドモーニング・アメリカ』は、スポンサーが異なります。

ですから、完全中継ではなく、番組のなかでスポット中継をするのかなと思っていたら、なんと、番組のオープニングからすぐにゴルフ中継に切り替わったのです。結局、勝負は2ホール目でホークがバーディを奪って決着がつきましたが、これはアメリカがスポーツ大国だからこそできたことだと思います。私も思わず、テレビの前で拍手喝采してしまいました。

アメリカの場合はツアー側が威厳を持っていて、スポンサーに流されたり、屈したりすることがない。「放送しなくたっていいですよ。それでも私たちは明日の朝にプレーオフをやりますから」という強いスタンスです。

もちろん、全米オープンなどのメジャー大会では、プレーオフの場合は翌日に18ホール行うルールになっているので、予備日も確保しているし、テレビ中継の枠も押さえています。

だからこそ、コンテンツとしての商品価値が高いし、結果として放映権が高く売れる。また放送する側の、「最後まで責任を持って伝えよう」という姿勢にも表れてくるのだと思うのです。こういう部分は、ぜひ日本のゴルフ界も見習ってほしいですね。

目的意識を持って観戦に行こう

さて、ここまでは目的に合ったテレビ観戦と、日本とアメリカのテレビ中継の違いを紹介してきましたが、やはりプロスポーツは実際に試合が行われている会場に足を運んで、生で見るのが一番です。これだけは間違いないでしょう。

テレビの画面でしか見たことのないプロゴルファーだって、目の前で見れば、とても身近に感じられて、親近感も湧きます。

プロツアーは、試合が開催される週が明けた、月曜日から最終日の日曜日までの

7日間がトーナメント・ウィークになります。男子ツアーを例に取ると、月曜日から水曜日は練習ラウンドとプロアマ戦が組まれ、本戦のラウンドは木曜日にスタートします。

ギャラリーが入場できるのは、基本的に本戦のラウンドだけですが、トーナメントによっては、練習ラウンドやプロアマ戦の日も入場可能な場合もあります。

「誰の何をみたい」など目的が決まれば、おのずと観戦方法や場所は定まるはずだ

実際に試合会場で観戦する場合、いちばん大切なことは、まず自分が何を見たいのかを、しっかり吟味しておくことです。つまり、目的意識を持って見に行こうということです。

その目的は、何でもいいのです。「好きな選手を応援したい!」でもいいし、「いろんなプロのショットを見てみたい」でもいい。「プロが戦うトーナメントのコースは、どういうセッティングになっているのかな」という目的もいいですね。

目的が決まったら、次は観戦方法です。プロの豪快なドライバーショットを見たいのであれば、ティショットの成否で2オンが狙えるパー5のティグラウンド、アプローチの技術を盗みたいなら、グリーン周りで〝定点観戦〟するのがいいでしょう。

また、自分と近い、もしくは目標としているプレースタイルの選手がいれば、スタートから最終ホールまで追いかける〝密着観戦〟という方法もいいと思います。もちろん、最終日バック9の手に汗握るガチンコ勝負が見たいのであれば、日曜日の最終組や優勝争いをしている組について回るしか

若手やシニアの戦いにも注目！

ここ数年、シニアツアーが人気だ。2013年度は前年より4試合増え、全12試合開催。中嶋常幸や尾崎直道など、往年の名選手たちが出場し、卓越した技術とフレンドリーな雰囲気でギャラリーを沸かしている。
また、チャレンジツアー（下部ツアー）の観戦も意外とオススメ。ロープをしていないので、選手との距離が近く、スウィングや使用クラブも間近で見ることができる。
どちらもレギュラーツアーよりもギャラリーが少なく観戦しやすいので、じっくりとプロの技術を見たい人にはオススメだ

ありませんね。

とにかく、目的を明確にしていなければ、コースのなかをわけもわからず右往左往するばかりで楽しめないし、せっかくのスキルアップのチャンスも逃してしまい、もったいないです！

たとえば、「プロの練習方法を見たい！」という目的を持って、トーナメント観戦に行くとしたら、いつ観戦に行くのがベストだと思いますか。本戦が木曜日からだといって、木曜日や週末の土・日の朝早くから会場に行って練習を見ようとしても、それでは目的を達成できないかもしれません。

どうしてかって？　もちろんプロたちは、試合のスタート前やホールアウト後にも練習はします。しかし、試合が始まると、スタート前の練習はウォームアップだけ、ラウンド後はクールダウンだけ、という微修正が主な目的になります。翌日に疲れを残さないために、練習グリーンでボールを少し転がすだけで、ラウンド後はいっさいボールを打たないプロもいます。

微調整の練習ではなく、プロの普段の練習を見たいのであれば、練習日に行くことをオススメします。ただし、前述したとおり、必ずしもすべての試合で、練習日やプロアマ戦を一般開放しているとは限らないので、事前に観戦が可能かどうか、必ず確認してくださいね。

練習日は楽しさ2倍

普段、プロがどんな練習をしているのかを見たいなら、練習日に行くのがベストという話をしましたが、他にもたくさんのメリットがあります。

まず、練習ラウンドは本戦よりも入場料が安かったり、なかには無料で入場できるトーナメントもあったりします。また、本戦に比べて、ギャラリーの数が圧倒的に少ないので、プロのショットを間近で、しかもベストポジションで見ることができます。こんなこと、練習日でなければ無理ですね。

練習ラウンドは気の合う仲間同士でラウンドすることが多いので、たとえば藤田寛之選手を見たいと思うと、同じ〝チームセリザワ〟の宮本勝昌選手や上井邦浩選手も一緒に見ることができます。ときには、練習場や練習ラウンドで、芹澤信雄さんが弟子たちにしているアドバイスを聞けるかもしれません。

また、本戦に入ってしまうと、選手も集中しているから、サインもなかなか頼みにくいし、写真も撮影禁止になってしまいますが、練習日なら、選手も気軽にサインに応じてくれる可能性が高い。

さらに、サインに応じる選手たちの行動で、その選手の人間性が測れたりもします。

以前、歩きながらサインをして、それをファンにポンと投げ返した不届き者のプロがいました。練習日な

ゴルフ界の〝相関図〟（？）がわかる練習日は、意外なところに上達のヒントが隠されている

のに面倒そうな対応をする選手がいたら、「それなら、結構です!」と強くいって、それからは一切応援するのをやめましょう。

ちなみに、タイガーは夜明けとともに、朝イチバンで練習ラウンドに出ていくのがルーティンになっていて、そのときだけが唯一、サインをもらえるチャンスだといわれていました。

ただし、トレーディングカードのような、あとでオークションに出てしまうようなものには、絶対にサインをしません。

プロにとっても、その人が個人的に愛用しているものや、あとで売ることができないようなものにサインを求められるほうが嬉しいものなのです。

サインをもらうときは愛用品に。時間と場所などタイミングが大切

開催コースをラウンドしよう

「よし！　トーナメント観戦に行くぞ！」と決めたら、開催コースの情報もチェックしましょう。試合会場となるコースは、いったいどんな設計家の手によって造られたのか。最低限、そのくらいの情報は知っておきたい。

日本人の設計家であれば、東の井上誠一、富澤誠造、赤星四郎&六郎兄弟、西の上田治《おさむ》。海外の設計家なら、C・H・アリソン、P・ダイ、D・ミュアヘッドなどが有名です。名前ぐらいは、聞いたことがあるでしょう。

たとえば、井上誠一の設計コースだったら、「グリーン周りのバンカーが深いから、それをいかに避けて攻略するかがカギだな」とか、P・ダイの設計なら、「池が戦略的に絡んだホールが多いから、観戦するなら池のあるホールだな」とか、それぞれのコース設計家の特徴がわかっていれば、どこをどう見ればいいかという観戦のポイントも、おのずと絞られてきます。

最近は、ほとんどのコースがホームページを持っていて、1ホールごとの詳しいコースレイアウトを調べることができるし、各トーナメントの公式ウェブサイトにアクセスすれば、より詳しい情報を得ることができるので、参考にしてみるといいでしょう。

もっと深く、試合を楽しみたいなら、開催の前に、試合会場のコースをラウンドする、という手もあります。日本オープンや日本プロなどのメジャー大会は、名門コースが舞台になることが多いので、プレーの予約を取るのは難しいですが、それ以外の試合なら、ビジターだけでもラウンドできるコースは意外にあります。

トーナメントが開催されるコースは、何カ月も前から、試合に合わせてコース整備やメンテナンスを行います。フェアウェイの幅をギュッと狭く絞ったり、ラフの芝を刈らずに、伸ばしたままにしたり。グリーンは、一般営業のときとは比べものにならないくらいに硬く、そして転がるスピードも速くなります。

プロのグリーンは速い！ 硬い！

	グリーンの速さ（単位：feet）	グリーンの硬さ
一般営業（アマチュア）	8～9	10～11
国内男子ツアー	11～12	12～13
海外メジャー	13～14	13～14

グリーンの速度計測器『スティンプメーター』から転がるボールが、グリーン上で転がる距離を数回測り、その平均値がグリーンの速さになる。一般営業のグリーンで2メートルしか転がらない強さで打ったボールが、マスターズでは倍の4メートル近くも転がってしまうほど、プロのグリーンは速い。

また、試合直前になると、グリーン面に撒く水の量を制限しローラーで固め、グリーンの硬さ（コンパクション）も調整する。マスターズや全米オープンだと13～14程度だが、ここまで硬くなると、ショートアイアンで打ったショットでも、ピッチマークはほとんどつかない

試合を見ていて、プロが1メートルもないショートパットを外すと、「あの距離だったら、オレだって入るよ！」と思うこともあるかもしれませんが、プロの試合はグリーンが非常に硬いので、一般営業のときと難易度がまったく異なります。一度でも経験してみればわかります。「プロって、こんな厳しいセッティングで試合しているのか」と。

こういう情報を知って試合を見るのと、知らずに見るのとでは大違い。観戦の楽しさは2倍にも3倍にもなるし、そのぶんだけ、自分にフィードバックされる情報もより多くなるのです。

いつも太陽を背負って見る

実際にトーナメント会場に足を運んだら、選手のプレーやスウィングを見やすい位置を探しましょう。

正面から見たいとか、後方から見たいとか、それは見る人の好みなので、どちらでも構いません。でも、これだけは必ずチェックしてください。それはズバリ、〝太陽の位置〟です。

たとえば、ティグラウンドでドライバーショットをプレーヤーの後ろ側（飛球線の後方）から見るとき、打っていく方向に太陽があると、逆光になってしまい、飛んでいくボールが見えません。これでは、球筋も弾道もわからないので、見ていても面白くないし、参考にもならない。

特に、太陽が低い位置にある、午前中の早い時間や夕方は、逆光だとショットを打っているプレーヤーすら、よく見えない状態になります。

ですから、プロのショットを見るときは、常に太陽の位置をチェックすることが大切です。太陽が自分の正面ではなく、常に背中側にくるようにポジションを取る。そうすれば、プレーヤーにバッチリ光が当たり（順光）、細かい動きもはっきりと見えます。

たとえば、『三井住友VISA太平洋マスターズ』が開催される太平洋クラブ御殿場コースの17番ホールは、午後になると、ティグラウンド側からグリーン方向に西日が差すので、観戦するにはティグラウンドがベストポジション。

一方、その翌週にフェニックスカントリークラブで開催される『ダンロップフェニックストーナメント』は、最終18番ホールのパー5をグリーンサイドで観戦するのがベストポジションです。

このホールは、グリーン方向からティグラウンドに向かって日が当たるので、プレーヤーの動きはもちろん、グリーンに向かって飛んでくるボールもはっきり見えます。

西に向いていくコースは逆光になるので、選手は嫌がりますが、観戦している人たちにとっては最高の条件。自分がカメラマンになったつもりで、常に太陽の位置を意識してポジショニングすれば、スウィング動作の細かい部分や球筋、弾道までバッチリ見ることができますよ。

パー5の第3打地点で技を盗め！

試合会場での観戦方法は、人気選手やプレースタイルを参考にしたい選手を、スタートホールからホールアウトまでついて回る〝密着観戦〟と、1カ所でずっと観戦する〝定点観戦〟があるといいましたが、もし、1つのトーナメントで複数日、観戦する機会があれば、1日は定点観測の日にしてください。

特定の選手やパーティを追いかける場合は、ショットごとにベストなポジションで見られるとは限りません。ましてや、それが人気選手だったりすると、ショット地点にたどり着いたときには、何重にも人垣ができて、頭の先だけしか見えなかった、なんてことだってあります。

その点、定点観戦は、なるべく早い時間に会場に行って、いち早く場所を確保してしまえば安心です。一定の場所にどっしりと腰を据えて観戦すれば、出場しているすべての選手のプレーを見ることができます。

定点観戦のなかでも、特にオススメなのが、〝パー5の3打目地点〟です。パー5といっても、2オンが可能なホールではなく、距離が長かったり、グリーン手前に池があって2打目をレイアップする必要があるホールがベストです。

というのも、ドライバーやパー3のアイアンショットは、基本的にどのプロも戦略に大きな違いがなく、技という部分では差が出にくいのです。

その点、100ヤード前後とか、それよりも短いショートゲームは、プロの技術の差が如実に表れます。プロにとって、パー5はバーディを計算に入れるホールですから、3打目でいかにピンそばに寄せるかが、プレーヤーの技の見せどころなのです。

低い球筋でスピンをコントロールして、手前からキュキュッと止める選手もいれば、高い球でピンの真上からズドンと落としたり、キャリーでピンをオーバーさせて、バックスピンで戻してくる選手もいる。選手の個性がもっとも反映されやすいのが、パー5の3打目なのです。

優勝争いには度々顔を出すけど、あと一歩のところで勝てない、なんていう選手は、こういう肝心な場面でだらしないアプローチをして、寄せきれずにバーディを逃してしまう。

勝てる人と勝てない人の差も見えてしまい、プロたちの真の技量を測ることができるのが、まさにパー5の3打目なのです。

見方に合った観戦グッズを持っていこう！

定点観戦するなら…

携帯用イス

密着観戦するなら…
携帯用脚立

会場での観戦には双眼鏡は必需品。また、定点観戦する人は携帯用のイスを、密着観戦の人は携帯用の脚立を持っていくと便利。ギャラリーがたくさんいても視界を遮られることなくゆったり見ることができる

❶ タケ小山のもう一言言わせて！

空飛ぶプロゴルファー

プロゴルファーって、試合や練習以外は何やっているのかって。選手の趣味で、ダントツ1位なのは、シャフトを使う、アレですよ。もうおわかりですね。そう、『釣り』です。タイガー・ウッズやルーク・ドナルド、ローリー・マクロイなど、多くのツアープロが住んでいるフロリダ州は、バスフィッシングが盛ん。フロリダにあるほとんどのゴルフ場には池があって、そこには必ずブラックバスが生息しています。もちろん、ワニもね。釣りは選手にとって、とても身近で、手軽にできる趣味というわけ。

でも、どの世界にも変わった趣味を持っている人はいるよね。もちろん、プロゴルフ界もしかり。

Colum

泣く子も黙る世界一のプロゴルファー、アーノルド・パーマーの趣味は、なんと『飛行機』。しかも、乗るのではなく、操縦してしまうのだ。

パーマーは、今では珍しくないスポーツエージェント（スポーツ選手のための代理人事務所）を作った人としても有名だけど、多忙ななかでも、しっかり操縦ライセンスは取りにいったというから、その行動力はさすがである。80歳を超えた今でも、免許更新は続けているらしい。コース設計やゴルフビジネスに東奔西走し、自家用ジェットで今でも世界を飛び回っていることでしょう。

『空飛ぶプロゴルファー』のアメリカ代表がパーマーなら、オーストラリア代表は、331週間連続で世界ランキング1位をキープしていた、『白鮫』ことグレッグ・ノーマン。彼の所有する航空機には、必ず『シャーク（鮫）』のロゴが入っていることでも有名です。

今でも忘れられないことがある。小生がフロリダ在住時代にあった、映画のワンシーンような本当の話。

「駐車場の車の移動をお願いします」と、突然の場内アナウンスに、小生を含めスタッフ一同「何ごとか!?」と驚いていると、それから数十分後に「ギュ〜ン、バタバタバタバタ……」というものすごい音が鳴り響いた。

空からは、黒光りした物体！　駐車場の空いたスペースに向かって、大きな機体がゆっくり降りてきたのです。そして、そのど真ん中には、あの『シャーク』のロゴが！

そうです、『シャーク』のロゴがついたジェットヘリのタラップから、ホンモノの『白鮫』がワインを片手に降りてきたのでした。「どひゃあ〜！」と驚いたのは私だけではなかったはず……。ノーマンの趣味はすべてが豪快すぎて、到底マネできませんケドね。

第2章　プロの「技」を目で盗む

アプローチの遼、総合力の勇太

ここ数年、日本のツアーでは、藤田寛之選手や谷口徹選手といった、40代のベテラン選手たちの奮闘が目立っています。しかし、「自分たちが賞金王争いをしているようじゃダメだ」と、2人が異口同音に語るように、若手のさらなる成長が人気回復には必要不可欠です。

その筆頭はやはり、石川遼選手と池田勇太選手の2人でしょう。2人のゴルフを比較するとき、ドライバーをかっ飛ばして、果敢にピンをデッドに狙う石川選手が飛ばしタイプ、多彩な技術でスコアメークする池田選手が職人タイプ、往年の名プレーヤーにたとえるなら、「遼がジャンボ（尾崎将司）で、勇太が青木（功）」と多くのアマチュアが思っているのではないでしょうか。

しかし、2人のゴルフの内容をじっくり見てみると、実はまったく逆だということがわかります。

まず、石川選手のいちばんの長所は、飛距離の出るドライバーでも、グリーンを狙うアイアンでもなく、グリーン周りのパフォーマンス、つまりアプローチとパッティングの技術の高さです。

特に、パッティングの上手さには、目を見張るものがあります。それは、賞金王に輝いた09年の平均パット数で堂々の1位、未勝利に終わった11年も1位、12年に12位にダウンした以外は、トップ3を外していないという数字が証明しています。

ルークと遼はともに身長175センチ。体格もプレースタイルも似ている遼にも、世界で勝つチャンスは十分にあるだろう

ティショットを曲げても、困難な状況からボールを自在にコントロールしてグリーンに乗せ、パットをねじ込む。全盛時の青木功さ

んも、まさにそんなゴルフでした。ですから、どちらかといえば、石川選手が青木さんに近いタイプといえます。

現役バリバリの海外選手にたとえるなら、11年にアメリカと欧州の両ツアーで賞金王に輝き、ローリー・マクロイ選手と世界ランキングのトップを争っている、ルーク・ドナルド選手が同タイプといえるでしょう。体格も似ているし、ドライバーの平均飛距離は、約280ヤードでほぼ同じです。そして、なんといってもパッティングの上手さは世界一の選手です。

いくらドライバーを飛ばして、アイアンショットでバーディチャンスにつけても、最後のパターを決めなければ、勝負には勝てません。しかし、パターの上手い石川選手は、プロデビューした08年には賞金ランキング5位、翌09年には年間4勝をマークして、日本ツアー賞金王の最年少記録を塗り替えました。まさに「パット・イズ・マネー」ですね。

一方、池田選手はというと、緻密なコースマネジメントと正確なショットのプレースメントが最大の持ち味です。また、ショットメーカーというだけでなく、アプローチとパッティングのレベルも高い。

つまり、総合力が高い。まだ賞金王のタイトルこそ手に入れていませんが、09年、10年と2年連続で年間4勝をマークしています。この数字が総合力の高さを何よりも物語っています。

総合力という点では、日本人プレーヤーでジャンボ尾崎さんの右に出る者はいません。ジャンボさんは日本ツアーで通算12回も賞金王に輝いていますが、年間7勝を挙げた94年のシーズンは、平均ストローク、パーキープ率、パーオン率、平均パット数など、主要な部門別ランキングですべて1位になっています。

すべての分野でランキングの上位に入る池田選手も、ジャンボさんと同じように総合力の高さで勝負するタイプ。海外の選手だと、かつて頂点を極めたニック・ファルド選手、米ツアーの若手なら、12年のUSオープンを制したウェブ・シンプソン選手などが、同じタイプといえるでしょう。

プレースタイルの違い

遼 vs 勇太　部門別データ

	2009年		2010年		2011年		2012年	
	石川	池田	石川	池田	石川	池田	石川	池田
賞金ランク	1	2	3	4	3	11	7	4
平均パット	1	3T	2	1	1	7	12	2
パーキープ率	15	5	7	13	11	38	19	35
パーオン率	24	11	9	11T	48	52	15	36
ドライビングディスタンス	9	27	3	22	9	52	14	20
フェアウェイキープ率	87	16	71	29	106	34	77	27

基本的な考え方

❶フェアウェイキープ率が悪い▶パーオン率が悪い
▶パーキープ率が悪くなる
❷フェアウェイキープ率がよい▶パーオン率がよい
▶パット数が増える

※石川遼は❶タイプ。グリーン周りが上手いので、パーキープ率がよく、勝つことができる
※池田勇太は❷タイプ。パットも上手いオールラウンドプレーヤーだから勝つことができる

遼 VS 勇太　数字で読み解く

解説のプロ・タケ小山の目

Point 1 両者のプレースタイルは異なるが、「平均パット」は常に上位。これは強いプレーヤーに共通することで、勝つための最低条件。まさに「パット・イズ・マネー」だ

Point 2 飛んで曲がらないことがゴルフでは最優先されるが、石川遼は、飛ばすイメージが拭いきれない。飛ぶけど、曲がる。フェアウェイキープ率も数字的にはよくない。そうなればパーオン率も下がってしまうのは当然のこと。グリーンを外す回数が増えれば、パーキープ率も悪くなるのだが、最大の武器であるショートゲームで強さを発揮している。必然的に、寄せワンも多くなる

Point 3 池田勇太は、賞金ランク11位だった11年を除けば、極端に悪い数字がなく全体的にバランスがよい。飛ばしながらフェアウェイをキープできる力が、パーオン率にも表れている。一見、強面で大きなゴルフをしているように見えるが、実際は確実にフェアウェイをキープして、きっちりグリーンに乗せてくるタイプ。そうなればパット数は多くなるのに、上手くパットも決めてくる

トーナメント中継や試合会場で彼らのプレーを見るときは、石川選手は、グリーン周りのアプローチとパッティング、池田選手は正確なショットとコースマネジメントにこそ、注目すべきなのです。

プロの技を盗んで上手くなるには、そのプレーヤーがどんなタイプの選手なのかをまず見極めて、そのポイントをしっかり見るということから始めましょう。

球をつかまえるスウィングを盗む

私たち解説者は、ほとんどが飛球線後方から選手のスウィングを見ます。ここで確認することは、スウィングプレーンとフェースの向き、それに球筋です。ギャラリーの皆さんの場合、選手の体の正面から見ることも多いかと思いますが、その場合は、ボール位置と左右の足にかかる体重の位置（重心）、それに体の軸をよく見てほしいと思います。

たとえば、石川遼選手は、左つま先の線上くらいにボールを置いています。ここまで左にボールを置くということは、バックスウィングで右サイドに大きく体重と軸が移動し、ボールが当たる直前にアドレスの形へ戻り、さらにボールが飛び出していく左へ腰がスライドしていくスウィングになるということを意味しています。体の軸を移動させて、最大限の力をボールに伝えたい、飛ばしたいという意図が読み取れるわけです。

一方、池田選手は左足かかとの線上よりも内側、左胸の正面あたりにボールを置いています。この位置だと、体の軸はそのままで、その場で〝グルッ！〟と回るイメージでスウィングすることになります。飛距離よりも、確実にボールをつかまえたい、方向性とクラブコントロールを重視しているといえます。

体の軸を左右に動かして飛ばすか、軸を動かさずにその場で振ってボールを置きにいくか。遼タイプか勇太タイプか。極端にいえば、アマチュアの9割は、この2タイプのどちらかに属しているので、参考にするとよいでしょう。

インサイドからクラブを下ろすことを飛球線後方からチェックする

石川遼

真っすぐ上げて真っすぐ下ろす

バックスウィングのスウィングプレーンとほぼ同じプレーンを通りクラブを下ろす

池田勇太

アウトサイドに上げてループを描き下ろす

バックスウィングでアウトサイドに上げて開いた右わきを体につけながら下ろす

クラブはインサイドから入る

2人のスウィングは、見た目はまったく違います。はっきりいって、池田選手のスウィングは、クセがあるし、決してキレイなスウィングとはいえません。それでも、勝てるのはなぜか。それは、池田選手も石川選手もクラブがしっかりインサイドから入ってくるからです。

インサイドからクラブが入る動きは、飛球線後方から見るとよくわかります。石川選手は、バックスウィングとダウンスウィングでほぼ同じプレーンを通り、ダウンで手が体に近いところを通ってくる。

池田選手は、バックスウィングをアウトサイドに上げていくけれど、そこからクラブはループを描き、ダウンで右わきを体にくっつけて、インサイドから下ろしています。インサイドから下ろしてくれれば、必ず球はつかまるからです。

ボールの位置、スタンス、トップの位置など、アマチュアは細かいところを気にしがちですが、スウィングは、形が大切なのではありません。どんなスウィングであろうと、ボールをしっかりつかまえる、ということがもっとも大切なことなのです。プロのスウィングを見るときは、クラブをどのようにインサイドから下ろしているか、ぜひ注目してください。

スウィングには〝遊び〟が必要

2人のスウィングで、アマチュアにもぜひ真似してもらいたい素晴らしい点は、スウィングに〝遊び〟があるということです。

池田選手は、バックスウィングで右わきが開いてゆるんでいます。石川選手は、ダウンスウィングで左ひじにゆとりがあります。スウィングに〝遊び〟があるということは、体の回転と上半身とに〝時差＝タメ〟が生まれ、ヘッドスピードが上がるということですよね。

よく、レッスン書などに、「タメを作って球を飛ばそう」などという言葉がありますが、「タメを作ってもどうしてもスライスしてしまう」という人は、上半身も下半身も同じスピードで回っているので、タメを作りすぎたぶん、インパクトで腰が開き、振り遅れるからです。

そこで、2人のスウィングを正面から見てみましょう。インパクトでは左サイドが回りっぱなしにならずに止まっていて、クラブが下りてくるのを待っています。池田選手の場合は、インパクト直前と直後の腰の向きが、ほとんど同じです。

陸上のハンマー投げの動作を思い出してください。何度もハンマーを回転させて、力を蓄え、リリースする瞬間は、体をピタリと止めてハンマーをリリースします。体を止めることで、最大限の力をハンマーに伝えることができる。ゴルフも同じです。〝遊び〟によりヘッドスピードが加速され、さらに左サイドを止めることによって、最大限の力をボールに伝えることができる。

体の回転スピードからすると、インパクト直後は腰が開いていてもいいはずですが、インパクトでは腰は開かず、クラブがきっちりインサイドから入り、しっかりボールをつかまえられている。これこそが、プロの技術です。

を作って球をつかまえる！

左ひじを曲げて
"遊び"を作る

インパクト直前と直後の腰の
向きはほぼ同じ。クラブが下
りてくるのを待っている状態

遼 VS 勇太　スウィング中に〝遊び〟

〈石川　遼〉

飛距離を意識したアドレス

〈池田勇太〉

方向性を意識したアドレス
右わきを開けて〝遊び〟を作る

飛ばなくてもパーは獲れる

衝撃的なデビュー戦をはじめ、石川選手は何度も〝ここぞ〟という場面で、グリーンの外から奇跡的なチップインを決めます。でも、「ピンにガチャンと当たって入ることも多いから、半分ぐらいは偶然でしょ」と思っているアマチュアも多いでしょう。

はっきりいいますが、それは大間違いです。

たとえば、09年に彼が『ミズノオープンよみうりクラシック』で優勝したとき。あのときも16番ホールのパー5で、3打目のアプローチを直接カップインさせて、チップインイーグルを奪いましたが、決してナイスタッチのアプローチではありませんでした。

ピンが左奥でグリーンは右手前から奥に下っている状況。右手前のラフから打った石川選手のアプローチは、解説者も思わず、「あー、これはダメだ！」と声を上げるくらい強かったのです。

しかし、結果はチップインイーグル。ギャラリーやプロたちも、「持っているね、遼くんは」と思ったかもしれません。

たしかに、「持っている」部分もありました。ピンに当たっていなければ、グリーンをかなりオーバーしていたでしょう。でも、「持っている」だけでは、絶対に入らないのです。

私は、ある表情に注目しました。12年に開催された『ブリヂストンオープン』で、谷口徹選手が最終18番ホールのパー5の3打目を直接カップインさせて、奇跡の逆転チップインイーグルを奪った瞬間、バンザイしながら何度も飛び跳ねていましたよね。本人も予想していないのに、「入っちゃった」ときは、ああいうリアクションになるものです。でも、ミズノオープンのときの石川選手は違いました。

「少し強かったけど、入っても不思議じゃない。なんでそんなに騒いでいるの?」

というような表情をしていたのです。

彼がまだ子供の頃、飛距離が出なかったので、少し距離のあるホールは、なかなかパーオンできなかったそうです。だから、「パー4なら、3打目のアプローチで寄せなければパーを獲れないし、バーディを獲るには入れなきゃいけない。ジュニアの頃はずっとそういう状況でプレーしていた」という彼のコメントを聞いたことがあります。

きっと、ラウンドでは毎ホールのようにウェッジを使って、アプローチをしていたのでしょう。ミドルホールでパーオンできなかったら、必然的にそういうゴルフにならざるを得ません。

しかも「寄せる」のは当然のことで、「あそこに落としたらこう転がって入るな」というところまでイメージして打っていたはずです。

パーを獲るにはアプローチをきっちり寄せること、バーディを獲るなら外から入れること、というゴルフが彼の下支えになっているのです。

その意識は、プロになってもまったく変わっていない。「入れるんだ！」という

打つ球をイメージしてアプローチに臨め！

石川遼のアプローチの上手さは、ツアー屈指。ジュニア時代に培ったウェッジプレーの技術はもちろんだが、いちばんは〝イマジネーションのよさ〟にある。「こうやって打って、球はこう飛んで……」ということをいつもイメージすることが大切

強い気持ちでアプローチしているから、ピンをオーバーさせる強さで打てるし、その結果としてチップインの確率も高くなる。だから、石川選手のチップインは、「まぐれ」ではないのです。

シニアの世代になってガクッと飛距離が落ちてしまい、「400ヤードを超えるミドルホールはもうパーオンできない」なんて嘆いているアマチュアも多いでしょう。それでクラブを握るのを止めてしまう、という人もいると聞きます。そういう人には、この石川選手のプレースタイルがとても参考になるはずだし、その姿勢をぜひ見習ってほしい。

パーオンできないなら、次のアプローチが寄せやすいところ、チップインの可能性もある場所に、きっちりボールを運べばいいのです。パーオンしなくても、パーは獲れるし、バーディだって獲れる。それがゴルフというゲームの奥の深さであり、醍醐味でもあるのですから。

下半身はハンドル、上半身はエンジン

日本ゴルフ界に久々に登場した期待の大型プレーヤーといえば、松山英樹選手ですよね。身長180センチ。AONをはじめ、昔は大型プレーヤーがいたけれど、体格のいい選手が人気のある他の競技にいってしまうケースが多いなか、ゴルフ界にとっては、体もスケールも大きい、希望の星です。

もちろん、体だけではありません。これまでの実績は皆さんもよくご存じのとおり。11年の『マスターズ』でのローアマチュア獲得は、史上初の快挙で、これはもっと騒がれなきゃいけないぐらい、すごいことなのですよ。

飛ぶか飛ばないかを見るには、〝左サイドの蹴り〟に注目。伸び上がる人は、飛ばしを意識しているプレーヤーだ

松山選手のスウィングを見てみると、まだ荒削りな部分が目立ちますが、それは、もっと伸びる余地があるともいえます。

彼のスウィングで注目してほしいのは、インパクト以降の〝左サイドの蹴り込み〟です。ダウンスウィングの途中までは曲がっていた左ひざが、インパクト以降では蹴り込んでいて、左サイドが伸び上がっています。これは〝飛ばし屋〟の特徴的な動き。代表的なプレーヤーは、タイガー・ウッズ選手です。

この左サイドの蹴り込みによって、よりヘッドスピードが増して、飛距離アップするわけですが、その反面、正確性が落ちるというデメリットもあります。

たとえば、今日本でもっとも強いプレーヤーである藤田寛之選手のスウィングを見ると、ドライバーショットでも左ひざの高さが変わらずに、曲がったままの状態をキープし続け、振り抜いています。

こうすることで、インパクトゾーンではフェース面をスクェアに保ったまま、ヘッドを低く長く出していくことができる。加えて、フェースにボールが乗っている時間も長くなるので、方向性が格段によくなる、というわけです。

よく日本人のコーチは、「ゴルフスウィングは下半身がエンジン（飛距離）で、上半身がハンドル（方向性）」といいますが、アメリカの私のコーチ、リナ・リッツェン氏は「下半身がハンドルで、上半身がエンジン」といっていました。

ウェッジでのショットを見てみるとわかります。ウェッジは正確性が大切なクラブですから、ほとんどのプロは、左ひざの角度を変えずに、キープしたまま振っていますよね。

飛距離不足に悩んでいるアマチュアは、松山選手の左サイドの動きを参考にしたいところですが、アマチュアにはやや高度な技術かもしれません。それよりも、あと10打縮めたいなら、ボールを狙ったところに置くことを心がけ、藤田選手のように左ひざの高さを変えないように振り切るイメージを持ってください。その方がスコアアップにも繋がりますし、ゴルフスウィングにおける下半身の重要性がわかってきますよ。

方向性は左足で決まる！

左ひざの高さがアドレスから変わらないため、インパクトでフェース面をスクェアに保てる

ヘッドを低く長く出すことができ、方向性がよくなる

左サイドの蹴り込みでヘッドスピードが上がる

大きなフォローで飛距離がさらに上がる

藤田 VS 松山 飛距離と

"方向性" で勝負
〈藤田寛之〉

"飛ばし" で勝負
〈松山英樹〉

全クラブ同じリズムで振れますか？

06年から米女子ツアーに本格参戦し、09年の『エビアンマスターズ』で念願のツアー初優勝を遂げた宮里藍選手。現在まで同ツアー通算9勝を挙げ、世界のトッププレーヤーとして、不動の地位を築きつつありますよね。また、多くの大和撫子たちが、「藍ちゃんみたいに世界で活躍したい！」とアメリカに渡り、活躍しています。

これは、日本ゴルフ界にとっても、非常に価値のあることだと思います。世界で活躍する藍ちゃんですが、そのスウィングは、男女を問わず、アマチュアにも参考になるポイントが満載です。なかでも、ぜひ真似してほしいのが、〝スウィングリズム〟です。というと、兄の聖志選手や優作選手にも共通する、宮里家特有の〝ゆっくりスウィング〟を思い浮かべるでしょう。しかし、真似してほしいポイントは、そこではありません。

リズムが速いとか遅いとか、それは人それぞれであって、万人に藍ちゃんの〝ゆっくりスウィング〟が合うとは限りません。藍ちゃんの〝リズムのよさ〟というのは、ドライバーからパターまで、14本のクラブをすべて同じリズムで振れることなのです。

パターの長さは通常で33～36インチくらい。もっとも長いドライバーは45～46インチもあります。これだけ長さが違うクラブを、同じリズムで振ることができる。ここがポイントです。

〝新帝王〟と呼ばれたトム・ワトソン選手も、とてもリズムが速いです。ニック・プライス選手は、もっと速い。でも、ゆっくりスウィングの藍ちゃんと同じように、14本すべて同じリズムで振ります。

彼らみたいにスウィングリズムが速いプレーヤーだって、バックスウィングからフィニッシュまでのリズムが、すべてのクラブで同じであればいいのです。ですから、「スウィングはゆっくりがいい」というわけではないのです。

アマチュアの場合、ウェッジはゆっくり振っているのに、ドライバーを持つと、「飛ばしたい」という気持ちからか、途端にリズムが速くなってしまいますよね。でもこれでは、スライスが出るのは当たり前！　長いクラブを使うと、振り遅れてしまうので、ボールを芯でつかまえられず、球は右に曲がるわけです。

通常、距離に応じてバックスウィングの量、大きさは変わりますが、藍ちゃんの場合、80ヤードぐらいのアプローチも、250ヤード飛ばすドライバーも、バックスウィングの大きさは、ほとんど変わりません。これも、14本を同じリズムで振ることができる秘訣といえます。

小さい藍ちゃんが大きく飛ばせる理由

もちろん、藍ちゃんのスウィングの優れた部分は、リズムだけではありません。

私がもっとも「いいね！」と感じるのは、体の使い方です。

体の正面から見ると、まずテークバックのスタートのところで、肩のラインと両腕でできた〝三角形〟を崩さずに、体の回転と同調させて、バックスウィングを上げていくのがわかります。たとえるなら、ドアの開閉です。余計な動きがなく、体の回転だけで、非常に楽に振っている。この体と腕とが同調する〝はじめの一歩〟が、彼女のスウィングの、最大のセールスポイントです。

肩のラインと両腕でできた三角形を崩さない！

〝はじめの一歩〟でクラブを上げるとき、腕とクラブが一直線になるのが、藍ちゃんの特徴。常にクラブと体が一体化していて、無駄な動きがない

そして、スウィング中に左腕（左ひじ）と左足の太もも（もしくは左ひざ）が、まるで糸か紐で結ばれているように、常に距離を変えずに同調して動いています。トップからバックスウィングでクラブを下ろしてくるときに、左腕と左太ももが同時に動き出す。これができると、インパクトで左サイドが開かずに、体の正面でボールをとらえることが可能になります。

体の正面で打てるということは、必然的にリリースポイントが体の右サイドにくるので、ボールに対してヘッドがシャロー（ゆるやかな角度）に入ってきて、理想的なアッパーブローでボールをとらえられる。高弾道&低スピンでキャリーしてからのランも多くなるから、ヘッドスピードは速くなくても、飛距離が出るのです。

ジュニアの頃からライバル関係の横峯さくら選手は、藍ちゃんのまったく逆です。体の〝回転〟ではなく、〝捻転〟を使って飛ばします。アドレスからトップまでの、ヘッドの動き、クラブの可動域を見てください。藍ちゃんは270度くらいですが、横峯選手は360度も回っています。これだけクラブの可動域が広いと、インパクトでタイミングを合わせるのは、非常に難しくなります。

ただ、横峯選手はとても器用で、テクニックを持っているので、体を捻って思いきりバックスウィングをしても、タイミングを合わせられます。しかも、こんなに可動域が広くても、股関節の位置が変わらない。軸がしっかりしているのです。これは、小さい頃からお父さんが椅子に座らせて練習させていたことが、生きているのでしょう。

この打ち方は、飛ばしには向いていますが、体力も練習量も必要になるので、どちらかというと、男子プロのような打ち方。しかし、横峯選手にはこの打ち方が合っているので、スウィングを修正しようとすると、たちまち自分のゴルフを見失ってしまうかもしれません。

前述したとおり、スウィングは形が大切なのではありません。しかし、藍ちゃんの一体感のあるスウィングは、とてもシンプルでパワーがなくても飛ばせますから、アマチュアなら一度は真似してみる価値もアリだと思いますよ。

〝飛ばし〟が変わる！

左サイドが開かず体の
正面でインパクト

体の正面ではなく下半身リードし
ながら横腹でボールをとらえる

藍 VS さくら　体の動かし方で

体を"回転"させてランで飛ばす〈宮里藍〉

スウィング始動で腕と左足が同調して動く

体を"捻転"してキャリーで飛ばす〈横峯さくら〉

上半身を捻り上げても股関節の位置は変わらない

ぶ厚いインパクトを生み出す、藤田のパッティング

パッティングが上手いプレーヤーといったら、皆さんなら誰を思い浮かべますか。往年の名選手だったら、海外ならベン・クレンショー選手、日本なら青木功さんを挙げる人が多いでしょう。今、旬のプレーヤーなら、タイガー・ウッズ選手やルーク・ドナルド選手でしょうか。

ルークは、3パットをほとんどしません。彼が樹立した「3パットなし」の連続ホール記録はなんと449ホール。単純に、1ラウンド18ホールで割ると、25ラウンド連続で3パットしなかったことになるわけです。

平均パット数のランキングでは、常に1、2位を争っているわけではないですが、藤田寛之選手のパットの勝負強さも、素晴らしいものがあります。アマチュアだけでなく、プロも唸るそのパッティングで、もっとも注目してほしいのは、インパク

トゾーンでのヘッドの動きです。

プレーヤーの目線、真上から見たときのヘッドの動きを見てみましょう。一般的にパッティングのストロークも通常のショット同様に、ヘッドはゆるやかなイン・トゥ・イン軌道を描きます。藤田選手の場合も、ヘッドは若干、インサイドから入ってきますが、フェースにボールが接触して離れるまでの範囲は、ヘッドが真っすぐに動きます。つまり、〝イン・トゥ・イン〟ではなく、〝イン・ストレート・イン〟軌道のストロークになっています。

次に、真横（正面）からヘッドと同じ高さで軌道をチェックしてみると、実はここでも真上から見たときと同じ現象が起きているのです。

他のプレーヤーはゆるやかにヘッドが下りてきて、インパクト後はゆるやかに上昇していくのに対し、藤田選手の軌道は、少しダウンブロー気味に上からヘッドが入ってきますが、インパクト後はやはりヘッドが地面と平行に動き、そこから上昇せずにフォローが低く出ていく。この動きに、ぜひ注目してください。

つまり、ボールがフェースに乗っている間は、上から見ても横から見ても、ヘッドが平行に動いています。だから、インパクトで厚く当たっているし、自分が狙ったところへ、寸分の狂いなく、正確に打ち出すことができるのです。

たとえるなら、お寺にある大きな釣鐘を鳴らすための太い棒、撞木（しゅもく）です。あの棒の動きも長くて太いものだと、円軌道で少し上から下りてくるけれど、地面と平行になると、少し直線的に動いて、釣鐘に対して垂直に当たりますよね。藤田選手のパッティングのヘッド軌道は、まさにその動きと同じです。

そしてもうひとつ、藤田選手のパッティングで、アマチュアにもぜひ真似してほしいのが、フォローのヘッドの出し方です。

上からボールをしっかりヒットするので、フォローがとってもコンパクトです。タイガーもルークもそう。フォローが長くダラダラと出ていく人に、パットが上手い人はいません。基本的に、ヘッドに余計な動きはいらない。皆さんも、コンパクトなフォローを心がけてくださいね。

〝イン・ストレート・イン〟でぶ厚いインパクトを生み出せ！

ボールがフェースに乗っている間は
上から見ても横から見ても
ヘッドが地面と平行に動く

上からしっかり
ヒットさせる

インパクト後は
ヘッドが地面と平行

フォローは
コンパクトに

タケ小山の ❷ もう一言 言わせて！

平均ストロークのからくり

もしアナタがプロゴルファーだったら、1年間のご褒美としてもっともほしいタイトルはなんですか。

たぶんほとんどのプロは「最優秀年間平均ストローク」と答えるでしょう。なぜなら、このタイトルと賞金王のタイトルは連動しているといえるから。しかし、世界のツアーではこの平均ストロークの算出方法が異なるのです。

日・米・欧の世界3大ツアーでは、まず呼び方が違います。日・米ツアーは『scoring average（スコアリング・アベレージ）』、対して欧州ツアーは『stroke average（ストローク・アベレージ）』。そう、スコア（点数）とストローク（打数）の違い、気づきました

Colum

か。

日本とアメリカの場合、出場選手たちの全ストロークを足して、規定打数を割り平均化します。そのスコアに対しての足し引きで、平均打数として算出するというわけ。ちょっと複雑だよね。

たとえば、規定打数72のコースで出場選手は100名、全選手の打数が7400打だったとしましょう。7400打÷100選手＝74打。規定打数72から74を引いた数字『−2』が調整値となる。コースの難易度が高ければ調整値は「マイナス」、簡単ならば「プラス」になるのです。

小生が、69でラウンドしたとすると、69＋（−2）＝67となり、ナント実際のスコアよりもよくなってしまった！　これは、難易度が高いコースでのプレーが評価されたということ。「難コースに強い選手」ともいえる。逆に、実際のスコアよりも平均ストロークが悪かったら、「優しいコースでは強いけど、難しいコースではそうでもないね……」なんて評価されちゃう。

一方、欧州の場合は、選手たちが試合で打った打数を規定打数で割ってそのまま平均化する。「実打勝負！」という考え方だ。しかし、調整値がないぶん、どんな状況でも、いいスコアで回ってこなければ、評価されないということ。世界20カ国以上も回る欧州ツアーは、移動やその他の面でもタフなツアーだというのに、「実打勝負」という言い訳が通用しないツアーでもあるのです。

近年、欧州ツアーのメンバーがメジャータイトルを次々に獲得しているの背景には、こういうタフなツアーを戦い抜いていることで培われた、ホンモノの強さがあるのかもしれません。

第3章

プロの「戦略」から
スコアメークのコツを学ぶ

クラブセッティングはPWのロフト角が肝！

ツアーが開幕した直後は、よくゴルフ雑誌などに、選手たちのクラブセッティングが紹介されます。『週刊ゴルフダイジェスト』にも、『プロのスペック』という連載ページがあって、人気プロの使用モデルやシャフトはもちろん、全番手のロフト角や長さまで、かなり詳細なスペックを知ることができます。

こういう記事で、もっとも注目してほしいのは、クラブの〝ロフト角〟です。といっても、クラブ単体ではなく、パターを除いたドライバーからSWまでの13本のロフト角の流れです。番手ごとのロフトのピッチ（間隔）がどうなっているかを見ます。

ただし、プロのセッティングを見る前に、自分が使用しているクラブのロフト角を確認してくださいね。自分のクラブがどうなっているかを知らないと、プロのセッティングを見ているだけでは意味がありませんから。

メーカーのホームページを見れば、各モデルの仕様はわかりますが、できれば、クラフトマンがいるゴルフショップで計測してもらうのがベストです。13本のクラブのロフト角を、ドライバーから順に書き出してみましょう。

そして、まず最初に、PWのロフト角をチェックしてください。プロのセッティングを見るときも、このPWのロフト角を基準に、分析していきます。

ロフトの〝階段〟を作る

では、実際にプロたちが、どういう戦略でクラブを選んでいるのか、セッティングを見て読み解いていきましょう。

基本的に、3Wから下の番手間のピッチは、クラブが短くなるにしたがって大きくなります。たとえば、FWやUTのピッチは3度刻み、アイアンは4度刻み、ウエッジ系は5～6度刻み、という感じです。番手間のピッチがバラバラにならないよう、ずれ（ギャップ）を作らなければ、スウィングの大きさや強さの調整を考えることなく、距離の打ち分けがとてもシンプルにできます。

そこでまず、藤田寛之選手のセッティングを見ていきます。さすが、賞金王ですね。とても基本に忠実で、ロフト角の差にギャップがなく、きっちりとロフトの階段ができあがっています。職人肌というか、丁寧さが表れています。

藤田選手は、6Iから9Iまでのアイアンのロフトを、4度刻みにしています。飛距離は、6Iで175ヤード、9Iで135ヤードくらいですから、この間の40ヤードを4本のクラブを使って、約10ヤード刻みで打ち分けているという計算です。

ドライバーの平均飛距離は、約280ヤードくらいで、ツアープロのなかでは飛ぶほうでも飛ばないほうでもなく、中間くらい。プロの試合では、パー4の距離は430ヤード前後ですから、藤田選手の場合、セカンドで残る距離は150ヤードの前後20ヤードくらい。それに対応する番手が、ちょうど6Iから9Iで、この間

飛距離が平均的 150ヤード前後を丁寧に攻める

藤田寛之

身長●168cm／体重●70kg
賞金ランキング　1位
平均飛距離　281.99Y

番手	ロフト(度)
1W	10
3W	15
5W	17
UT	21
4I	24
5I	27
6I	30
7I	34
8I	38
9I	42
PW	46
AW	52
SW	58

川村昌弘

身長●172cm／体重●72kg
賞金ランキング　32位
平均飛距離　281.96Y

番手	ロフト(度)
1W	7.5
3W	13.5
UT	17
3I	20
4I	23
5I	27
6I	31
7I	35
8I	39
9I	43
PW	47
AW	53
SW	59

Point パー4の第2打、残り150ヤード前後をシンプルに打ち分けられるように、10ヤード刻みで打てる番手を揃える

※P89～97のコラム内クラブデータは2012年の週刊GD「プロのスペック」を参考。賞金ランキング、平均飛距離はともに2012年度のもの
※プロは頻繁にクラブ調整を行うため、現在使用しているセッティングとは異なる場合がある

の距離が〝スコアメークの肝〟になるという戦略です。

藤田選手にとても近いセッティングをしているのが、高卒ルーキーとして12年シーズンに大活躍をした、川村昌弘選手です。ドライバーの平均飛距離も、藤田選手とほぼ同じ。ということは、やはり6Ｉから9Ｉが勝負となるわけで、藤田選手同様、とても丁寧なセッティングをしています。新人ながら、ゴルフをよくわかっていますね。

しかし、藤田選手が賞金王になったのに対して、川村選手は賞金ランク32位。この違いは、どこにあるのかを考えますと、もちろん、経験もありますが、大きな違いはショットとパットの正確性です。

ですから、川村選手が上位に食い込むためには何をすべきかがわかりますし、ギャラリーの皆さんは川村選手のプレーのどこに注目すればいいのかも、見えてくるわけです。

飛ばし屋はウェッジが勝負

藤田選手とプレースタイルが異なる、ツアー屈指の飛ばし屋、ブレンダン・ジョーンズ選手のデータを見てみましょう。

ジョーンズ選手の場合、ドライバーの平均飛距離は300ヤード弱。藤田選手とは20ヤード近い差があります。藤田選手よりも常に20ヤード前に行くということは、パー4のセカンドショットの残り距離は、130ヤードの前後20ヤード。ジョーンズ選手の飛距離だと、普通にドライバーが当たれば、もうウェッジで届く距離になります。

そこでジョーンズ選手のセッティングをチェックしてみると、やはりSW1本、AW2本、PW1本と、ウェッジを4本入れています。ドライバーが芯を喰えば、あとはこの4本が〝勝負クラブ〟という意図がわかります。

飛距離が出る人は、番手間の距離の差がどうしても大きく開いてしまいます。その差を埋めるためには、大きめのクラブで加減して打つか、小さめのクラブで飛距離を出す打ち方をしなければなりませんが、小さめのクラブで打つと、スピン量をコントロールするのが難しく、ウェッジの場合は左へのミスが出やすくなってしまいます。

そこで、ジョーンズ選手はウェッジのロフト角のギャップを小さく刻み、番手間の距離の幅を狭くしています。藤田選手が6度刻みなのに対し、ジョーンズ選手は4度刻み。これは、飛ばし屋ならではのセッティングです。

ただ少し残念なのは、PWとAWのロフト角のギャップが、4度からいきなり7度と開いていること。恐らくPWが約150ヤード、52度のAWが約125ヤードくらい飛ぶので、この間の25ヤードをPWで加減して打ち分ける必要が出てきます。このギャップをもう少し丁寧に刻めたら、飛距離もウェッジプレーも隙がない、もっと勝てるプレーヤーになるでしょう。

同じ飛ばし屋タイプの諸藤選手にも、同じようなことがいえます。PWとAW、

クラブセッティングから読み解く 2

飛ばし屋 ウェッジを細かく入れる

ブレンダン・ジョーンズ

身長●185cm／体重●82kg
賞金ランキング　3位
平均飛距離　295.15Y

番　手	ロフト(度)
1W	10.5
4W	17
7W	21
4I	22.5
5I	25
6I	28
7I	31
8I	35
9I	40
PW	45
AW	52
AW	56
SW	60

諸藤将次

身長●180cm／体重●65kg
賞金ランキング　75位
平均飛距離　289.80Y

番　手	ロフト(度)
1W	9.5
3W	13
2UT	18
3I	21
4I	24
5I	27
6I	31
7I	34.5
8I	38
9I	42
PW	47
AW	53
SW	60

Point グリーン周りでスウィングの強弱をつけなくても、距離の打ち分けができるように、ウェッジを細かく刻む

ＡＷとＳＷのギャップがバラバラになってしまっている。これだと、番手間の距離を埋めるために、力加減をして打たなければなりません。飛距離という大きな武器を持っているので、もう少しセッティングにも丁寧さがあれば、常に上位も狙える強いプレーヤーになれるでしょう。

ウェッジのギャップは〝6度〟が基本

アマチュアの場合、アイアンはＰＷまでのセットクラブを買うことがほとんどですよね。しかし、そのアイアンはストロングロフト化が進んでいて、ＰＷが昔の９Ｉのロフトと同じぐらいになっている場合が多く、ＰＷと次のＡＷとのロフト角のギャップが大きくなりすぎている可能性があります。ですから、ＰＷから下のウェッジを単品で買うときは、自分のＰＷのロフト角を基準に選んでください。

セットクラブといえば、池田勇太選手のセッティングは、まさにセットクラブのようで、全体的に流れがあります。常にきっちりした几帳面な性格が出ているのでしょう。長いクラブも短いクラブも厚く揃えていて、飛ばしも寄せも上手い、オールラウンドプレーヤーらしいセッティングといえます。そして、もうひとつここで注目してほしいのは、ウェッジのギャップが6度ということです。

藤田選手もウェッジのギャップは6度でした。そう考えると、飛距離が平均か、

クラブセッティングから読み解く 3

全体の流れからセッティングを作る

オールラウンダー

池田勇太

身長●176cm／体重●76kg
賞金ランキング　4位
平均飛距離　290.02Y

番手	ロフト(度)
1W	9.4
3W	13.3
U2	17.2
U3	20.5
4I	22.5
5I	25
6I	28
7I	32
8I	36
9I	41
PW	46
AW	52
SW	58

Point 飛ばしも寄せもできる人はウェッジのギャップは「6度」が基本

それ以下の場合、ウェッジのギャップは6度ぐらいがベストだということ。番手間の差が10ヤードくらいで済むので、距離の打ち分けがシンプルになり、100ヤード以内のゲームの組み立てが楽になるからです。

飛ばないから不利とは限らない

ゴルフは飛距離が出る人のほうが有利だという人もいますが、決してそんなことはありません。ゴルフというゲームの本質は、遠くへ飛ばすことではなく、いかに狙った場所へ思いどおりに運ぶかなのです。ですから、セッティングを戦略的に考えることが非常に大切になります。

飛ぶ人はそれだけ番手間の距離の幅が広くなるので、距離を合わせるのに加減が必要ですが、飛ばない人はその幅が狭いわけです。ですから、「飛ばないから不利だ」

なんて思う必要はまったくありません。

たとえば、身長158センチ、平均飛距離は約270ヤード、ツアープロのなかでも小柄で飛ばない選手の代表、上平栄道選手のセッティングを見てください。

上平選手のアイアンは5番からで、3W、5W、そしてロフト角違いのUTを2本入れています。藤田選手よりも10ヤード、ジョーンズ選手と比べたら30ヤード近くも飛ばない上平選手が、ツアーで生き抜いていくためには、この3WからUTの

クラブセッティングから読み解く 4

FWとUTを多用する

飛ばない人

上平栄道

身長 158cm／体重 58kg
賞金ランキング 16位
平均飛距離 269.35Y

番手	ロフト(度)
1W	9
3W	14
5W	17
3UT	21
4UT	24
5I	26.5
6I	29.5
7I	33.5
8I	37.5
9I	41.5
10I	46.5
AW	53
SW	58

Point FWとUTを細かく入れて飛距離をカバーする

距離が勝負だと考えていて、4Iを抜いてでもFWとUTで細かく刻んでセッティングし、このゾーンを厚くしているのです。

自分の飛距離やプレースタイルと照らし合わせて、どうクラブを組み合わせ、ロフト角の階段を作っているのか。プロのセッティングを参考に、自分のセッティングを見つめ直してみてください。

ヤーデージブックは情報の宝庫

今ではツアーを戦う必需品になっているのが、プロとキャディがポケットから取り出して見ている〝ヤーデージブック〟です。国内男子ツアーのプロの多くは、田中秀道選手のバッグを担いでいたオーストラリア出身のプロキャディ、サイモン・クラーク氏が作成している、通称〝サイモン・メモ〟を購入して使用しています。

ヤーデージブックには、各ホールのレイアウト、グリーンやハザードの状況、距離、高低差などの基本情報が詳細に記されています。さらに、各プレーヤーやキャディが、風向きなどの必要な情報を練習ラウンドや試合中に書き足して、そのデータをもとに戦略を立てています。

海外のツアーでは、かなり昔から使われていたこのヤーデージブックですが、樋口久子さんは、77年に全米女子プロで日本人初の海外メジャー優勝を飾ったときに、キャディが使っているのを見て、初めてその存在を知ったそうです。

「試合前はグリーンの硬さなどを入念にチェックする」という藤田寛之の専属キャディ・梅原敦さん。ヤーデージブックのなかには、選手たちの戦略のヒントが詰まっている

日本でヤーデージブックを使うようになったのは、80年代後半からです。それまでは、歩測で距離を測る程度。現在では、当たり前のようにある、グリーンエッジまで100ヤード地点を記す印なども

く、ほとんどイメージだけで打っていました。

それでも対応できたのは、日本の古いコースのグリーンが、ほとんど〝まんじゅう型〟で、手前から奥まで上りという単純な作りだったから。感覚派で知られる奥田靖己さんは、93年の日本オープンでジャンボ尾崎さんに勝ったときも、「ピンポジションのシートもいらんわ。ワテの感覚や～」なんていっていましたからね。

それが、バブル経済で国内に海外の有名デザイナーが設計したコースが続々と誕生して、形状も傾斜も複雑な〝ポテトチップス型〟のグリーンが出てきました。しかも日本式は2グリーンで小さいですが、海外型のワングリーンは奥行が50ヤードという場合もある。そうなると、さすがに感覚だけでは対応できません。

さらに当時、日本のツアーがオープン化され、海外から参戦してくる選手が増えてくると、それに帯同しているプロキャディが当たり前のようにヤーデージブックを使っている。それで日本でも徐々にヤーデージブックが広がっていった、というわけです。

情報があればあるほど迷いなく打てる！

アマチュアには、そこまで詳細なヤーデージブックは必要ないかもしれませんが、メンバーになっているホームコースや、頻繁にラウンドするコースがあれば、各ホールの情報を調べたメモを作成しておくとよいでしょう。

ゴルフ場のホームページには、コースの全体図や各ホールの攻略法などをレイアウト付きで載せている場合が多いので、そういうものを活用して、ラウンドしながら少しずつ情報を書き足していくのです。

ホームコースなら、何度も回る機会があると思うので、ティグラウンドからバンカーの入り口のところまでの距離を、歩測または距離計測器で測り、ホールごとにレイアウト図に書き込んでおく。バンカーの入り口あたりまできたら、今度はグリーンまではどのくらいあるのか。グリーン周りのバンカーまでは何ヤードで、それを越えるにはキャリーで何ヤード必要かなど、少しずつ書き足していくのです。

また、キャディさんが持っていたり、セルフの場合はカートに置いてあるピンポジションのシートを、コピーさせてもらってもいいですね。

「詳細な情報がわかっても、そのとおりに打てないから意味ないよ」と思う人もいるかもしれない。しかし、そんなことはありません。正確な情報を持ってプレーすることで、自分のやるべきことが明確になり、迷いがなくなる。思いきりもよくなるので、ナイスショットの確率が間違いなくアップするのですよ。

ヤーデージブックが語る、マスターズで伊澤が勝てなかった理由

ここでヤーデージブックにまつわる、ある〝深イイ〟エピソードをひとつ紹介しましょう。

舞台は01年のマスターズです。その年の大会は、伊澤利光選手が大健闘しました。初日は21位とまずまずのスタートを切り、予選通過のかかる2日目は66を出して4位と躍進。3日目はスコアを崩して16位に後退するものの、最終日は前半の9ホールでスコアを3つ伸ばして、優勝が狙える順位まで浮上しました。

そして、「ここからマスターズの本当の勝負が始まる」といわれる、最終日のバック9へと入っていき、12番のパー3を迎えます。ここで事件は起きました。

マスターズの舞台、オーガスタ・ナショナル・ゴルフクラブの12番パー3は、距離が155ヤードと短いのに、世界でも屈指の難ホールとして知られています。というのも、このホールのグリーンは奥行きが14～16ヤードしかなく、ティグラウンドから左サイドが近くて、右サイドが遠くなっているからです。

そして、手前には池が待ち構えている。右利きのプレーヤーがショットをしたとき、右にミスするとインパクトでフェースが開くので、手前にショートしやすくなり、逆に左へのミスはフェースが被ってロフトが立つので、思ったよりも飛んでしまうのです。
最終日は、ティグラウンドから遠い右サイドの手前に、必ずカップが切られます。この位置だと、ピンを直接狙って打っても、少しでも当たりが薄いとショートして、池に吸い込まれてしまいます。しかも、この12番ホールは、18ホールのなかでもっとも低い位置にあるために、想像以上に風が回っていて、そのジャッジがとても難しい。

伊澤のマスターズ優勝を阻んだのは、風の〝イタズラ〟だった？

当時、中継を見ていたら、伊澤選手が帯同している前村直昭キャディと、2人で空を指さして、「あっち？」「いやこっち？」なんてやっている。
迷った挙句のショットは、わずかにショートして、手前の池にポチャン。痛恨のボギーを叩いてしまったのです。

後日、その勝負を分けた1打を解説しようと、前村キャディにそのときの状況を詳しく聞き、2人がそれぞれ持っていたヤーデージブックを見せてもらいました。すると、前村キャディのものには、12番ホールのところに「向かい風」を示す記号が書いてあり、伊澤選手のものには、「フォロー」と書いてあったのです。

「ボクはアゲンストだと思ったんですけど、伊澤さんは『アゲてはいないよ』といって、少し軽めに打ったんです」

前村キャディは、そのときの状況をそう説明してくれました。オーガスタの12番ホールは、打つ瞬間に風向きが逆に変わることもあるし、どちらが正しいとはいえません。しかし、結果的に、2人とも風に翻弄されてしまったということが、ヤーデージブックに記されていました。

トッププロでさえ、ゴルフは一筋縄ではいかないものです。だから、ゴルフは面白いのですね。

スケジュール管理も戦術だ！

ツアープロたちが、1年間、常にいいコンディションで、自分のゴルフをし続けるためには、プレー以外に〝スケジュール管理〟にも戦略があります。

シード選手は、全試合に出場する権利があるため、どの大会に出場するか、自分の意志で決めることができます。一方、シード権のない選手は、下部のチャレンジツアーやQT、各大会の予選会で上位に入るなどして、試合に出場するしか方法がありません。自分自身でスケジュール管理ができないのです。これは、プロにとっては、経済的な面よりも、大きなデメリット。シードを獲るか獲らないかは、まさに天国と地獄ほどの違いなのです。

シード選手の場合、たとえば、メジャー大会に合わせて調子をピークに持っていくために、3週出て1週休む、4週出て1週休むというように、自分のペースでスケジュールを組み立てることができます。また、過去の経験から、コースと相性の良い悪いがあるので、極端にいえば、「不得意なコースでやる試合は出ないという選択だってできるわけです。

タイガー・ウッズ選手は、デビューしてからずっと、出場する試合がほとんど変わっていませんよね。タイガーの場合、基本的には4大メジャーに照準を合わせて、スケジュールを組みますが、自分の得意なコース、好きな試合など、勝てる試合がわかっているのです。

**シーズン終盤は
シード権争いに注目！**

国内ツアーの場合、男子は前年の賞金ランキング70位まで、女子は50位までの選手にシード権が与えられ、翌年のツアーの全試合に出場することができる。米ツアーでは、賞金ランキング125位タイまでがフルシード、126～150位には条件付きのシード権が与えられる。ちなみに、13年から米ツアーに参戦している石川遼は、米ツアーの正式メンバーではなかったが、12年シーズンに米ツアーにスポット参戦して稼いだ賞金額が、シード権の125位の金額を上回ったことで、13年の米ツアーのシード権が与えられた

また、米ツアーのシーズン序盤は、ハワイからカリフォルニア、フロリダへと転戦していきますが、ハワイはバミューダ芝、カリフォルニアはベント芝、フロリダはまたバミューダ芝、というように、使用されている芝

の種類が変わります。そうすると、「ベント芝は得意だけど、バミューダ芝は嫌い」という選手は、カリフォルニアシリーズだけ出場して、ハワイとフロリダは行かない、という選択も可能になるわけです。

もちろん、ここまで自由にスケジューリングできるのは、シード選手でもトップクラスの選手に限られますが、それでも好きな試合や得意なコースで開催される試合を中心にスケジュールが組めるということは、翌年のシード権争いでも、大きな

バミューダ芝は魔の芝生!?

温暖な地域でよく見られるバミューダ芝は、高麗芝と同じように横に生えていく芝だが、高麗芝は葉の先が細く長く生えるのに対して、バミューダ芝は葉が短く伸びるとゴワゴワして、芝を切ってヘッドを抜くということができない。インパクトにブレーキがかかってしまうため、ラフからのショットは非常に難しくなる。
選手たちは育った環境で得意不得意の芝があるものだが、沖縄生まれの宮里藍は、バミューダ芝が得意。米女子ツアーで勝った試合の多くは、バミューダ芝のコースだ

アドバンテージになるわけです。ゴルフを観戦するときに、人気選手がどういうスケジュールを組んでいるのかを見てみると、意外な発見があるかもしれませんよ。

明確な目標設定が上達のスピードを変える

12年の国内男子ツアーは、〝アラフォーの星〟といわれる、藤田寛之選手が大活躍したシーズンでした。前人未到の日本シリーズ3連覇を含む、年間4勝をマーク。自身初となる賞金王にも輝きました。

「遅咲き」「大器晩成」なんていう言葉があるけど、40歳を過ぎてから、藤田選手がここまで強くなった理由を知れば、きっといくつになってもゴルフは上手くなるものと感じるのではないでしょうか。

まず、藤田選手の素晴らしさは、現状の自分に満足したり、妥協したりせず、もっと上手くなりたいという〝高いモチベーション〟を維持し続けているということにあります。その場に安住しようなんて、一切考えない。立ち止まることがないのです。

また、〝目標設定〟が明確なことです。12年シーズンは、賞金王が目標ではなく、「マスターズ出場」が目標でした。ですから、マスターズからの招待状を得るための世界ランキング50位以内を目標にしたのです。

この世界ランキング50位以内を確保するために、藤田選手らしい緻密な戦略がありました。

ともに日本ツアーで戦い、世界ランキング50位以内に入っていた、ベ・サンムン選手やキム・キョンテ選手が米ツアーに主戦場を移し、石川遼選手も不振でランクを下げていたため、国内ツアーの成績で得られる世界ランキングのポイントが低くなってしまいました。簡単にいえば、日本ツアーの価値が下がったというわけです。

11年なら、年間3勝で50位以内に入るポイントを稼げましたが、12年は年間4勝が必要になる。それが、藤田選手の12年シーズンの目標になったわけです。

藤田選手は、12年11月に中国・広東省のミッションヒルズゴルフクラブで開催されたWGCの『HSBCチャンピオンズ』に出場しましたが、その時点で国内ツアーはまだ3勝止まりでした。

この大会は、予選カットがなく、出場するだけで100万円単位の賞金が出ます。ですから、他の日本人選手は「出られるだけラッキー!」なんて思っていたかもしれません。

少しでも時間があったら練習をする。無駄な時間を過ごさないところも藤田の強さだ

しかし、この大会で確実にポイントを稼いでおきたいと考えた藤田選手は、目の色が違いました。結局、11位と健闘してポイントを獲得。その後の日本シリーズも制して、目標に掲げていた年間4勝を達成すると

ともに、世界ランキングも50位以内に浮上。見事に、マスターズへの招待状を手にしたのです。

アマチュアも、どこに自分の目標を設定するかによって、ゴルフへの取り組みかたも、上達のスピードも変わってきます。

漠然と「スコア100を切りたい」といっても、たった1回だけ100を切れば満足なのか、ということです。「1回だけでもいいから」なんていう目標では、練習もそこそこになるだろうし、本番でも出だしでちょっと叩いただけで、「今日はもうムリだから、次にがんばろう」なんて、すぐに諦めてしまう。

しかし、「平均スコアで100を切るぞ!」「常に90台でラウンドする!」という明確な目標を持てば、練習の取り組み方も変わってくるし、一つひとつのプレーが丁寧になる。そしてそれが、スコアにも繋がっていくものです。

ちなみに、私タケ小山の目標は、「世界一のゴルフ解説者になる!」ですよ、もちろん。だから日々精進! 2番ではダメなのです、世界で〝1番〟でなくてはね。

人のプレーは見なきゃ損！

トーナメント観戦に行ったら、せっかくなので、テレビ中継ではなかなか見ることができない姿もしっかり見ておきましょう。なかでも、必ずチェックしてほしいのは、打つ順番を待っているときのプロの行動です。ボールを打っていないときに、プロがどういうことをしているかを、しっかり見てください。

プロ・アマ関係なく、ラウンド中は人のプレーをきちんと見るのがエチケットです。つまり、自分勝手なプレーはダメですよ、ということ。これは、日本ゴルフ協会のゴルフ規則『第1章 エチケット』にも、「同じ組のプレーヤー全員がそのホールのプレーを終えるまで、その組のプレーヤーはパッティンググリーン上か、その近くで待っているべきである」と定められています。

若い選手たちのなかには、そういうエチケットを守れない人も、残念ながらたくさんいます。自分がホールアウトしたら、まだ他の選手のプレーが終わっていないのに、さっさと次のホールのティグラウンドに向かって歩き出す。奥田靖己さんは、そういう選手がいると、「オイ、お前はひとりでゴルフをやってるのか！」と怒鳴っていますよ。

もちろん、若い選手だけでなく、ベテラン選手にも、「若いヤツのプレーなんて見てられるか」と、次のホールに行ってしまう人もいます。これは本当に残念なことです。

強いプレーヤーほど、人のプレーをしっかり見て、何かを得ようとする貪欲さを持っている

そういう選手はそもそもゴルファーとして失格だし、どんなに技術が優れていても、勝てるプレーヤーにはなれません。エチケットの問題はもちろんですが、他の人が打ったボールがどのように飛んでいくか、グリーン上ではボールはどのように転

があるか、というようなことは、ラウンド中の唯一の生きた情報なのです。

トーナメント中継の解説者が、「このホールのグリーンはこっちのサイドからはすごく切れますが、誰ひとりとしてハイサイド（プロサイド）に外している選手がいませんね。あまり切れるようには見えませんが……」というようなことをいいますよね。

それは、解説者自身が、そのホールをプレーしている選手たちをずっと見ているから。まるで自分の目で見て、打って確かめたかのようにわかるわけです。

人のプレーをじっと見ている選手と、まったく見ずに素振りなどを始めてしまう選手は、結果がはっきり分かれます。これだけは断言しますが、強い選手は人のプレーから絶対に目を離しません。谷口徹選手もそうですし、青木功さんもジャンボ尾崎さんも、中嶋常幸さんだってそうです。「どんなに小さいことでも生きた情報は絶対に逃さない」という貪欲さを、強い選手は持っているのです。

アマチュアも同じです。同伴者のプレーから目を離してはダメですよ。だって、自分が打つ前に、せっかくリハーサルしてくれているのですから。見なきゃ損です！ それに、ゴルファーとしてそれが当たり前のことなのですから。

ティグラウンドはアンテナを張り巡らせる場所

ホームコースや頻繁にラウンドするコースは別にして、アマチュアの場合はティグラウンドに上がってから、「このホールはどこに打っていけばいいのかな」「OBはあるの？　安全なのはどっち？」という具合に、ホールの攻略ルートを考えることがほとんどだと思います。

プロの場合、毎年同じコースで開催される試合が多いですし、試合前に練習ラウンドをしているので、基本的な攻め方は頭に入った上で、ティに立ちますが、ゴルフは自然と戦うスポーツ。いつも同じ状況とは、限りません。そこで、プロがティグラウンドに立って何をするかというところに、注目してみましょう。

まず、ピンポジションを確認し、その日のティからピンまでの距離を把握します。次は、ピンがグリーンのどこに切られているか。パー4であれば、ピンの位置によって、セカンドが狙いやすい場所が決まってきますよね。

もちろん、バーディ狙いの〝攻める〟ルートだけじゃなく、ホールの難易度や状況によって、〝守る〟ルートも確認します。また、前述した「人のプレーは見ましょう」という話にも繋がりますが、ティショットを打ち終わって、次打地点にいる前の組のプレーも、しっかりチェックしています。

このホールは右サイドから攻めていくのがセオリーなのに、なぜか前の組の選手全員が左サイドに外しているとしたら、「あれ、おかしいぞ。もしかして上空は右からの風が強いのか？」とか、グリーンまで見渡せる場合は、グリーン上で行ったり来たりしている選手たちの様子を見て、「もしかして、カップが左手前のコブにかかっているのかも……」というように、常にアンテナを張り巡らせて、必死で情報を集めているのです。

そうやって注意を払っていると、ティグラウンドに立った瞬間に、何かいつもと違う空気が漂っていることを、察知できるわけです。

ラウンド中は常にそういうセンサーを働かせてください。ティグラウンドに立ったときも、ただ漠然とフェアウェイの真ん中を狙って打っているようでは、いつまでたってもスコアアップなんてできませんよ。

パットはカップ際の転がりに注目

「パット・イズ・マネー」というように、ゴルフにおいてパッティングが非常に重要であるということは、何度もお話ししているとおりです。しかし、多くのアマチュアにとって、一番頭を悩ませているのも、パッティングではないでしょうか。

最初の難関は、ラインを読むということでしょう。一度として同じラインはないので、プロでも非常に苦労するものです。

前章でもお話ししましたが、プロの試合のグリーンはスピードが速い。グリーンのスピードが上がると、ボールがカップに届くまでの球の転がりは遅くなるので、傾斜や芝目の影響をもろに受けることになります。さらに芝が短く刈られると、ボールと地面との接地面積が減り、摩擦が少なくなります。

パットの名手・青木功がやっている〝振り子法〟は、パターを顔の前に垂直に下ろし、シャフトの傾きからグリーンの傾斜を読む

プロの試合のグリーンは、いわば、フローリングの上でボールを転がしているようなもの。ですから、グリーンの読み方もかなり細かくてシビアです。

日本では、「カップ1個右」とか、「カップを外さないで左の内側」という言い方をします。アメリカでは、「center-right」（カップ中央より右）とか、「center-left」（同左）というように、カップのなかまで細かく分割してラインを読んでいますし、ときには、「one-hair」（髪の毛1本分）という表現も使うくらい、細かく読んでいます。

アマチュアの場合、グリーンのスピードが遅いので、「これは〝ちょいスラ〟かな」という程度でいいし、強めに打っておけば、少しくらいミスしてもなんとかなります。ですから、ラインの読み方でプロの真似をする必要はありませんが、ラインを読むときの最低限のコツは頭に入れておきましょう。

まずは、ボールからカップまでの傾斜を正確に読むこと。ボールの後ろからだけでなく、サイドからも見ることで、カップまで上っているのか、下っているのかがわかるし、距離感もつかみやすくなります。

次に左右のラインを読むのですが、いちばん簡単なのは、自分よりも先に打つ人がいたら、その人が打ったボールの転がり方をしっかりと見ることです。特に、スピードが遅くなって、もっとも傾斜や芝目の影響を受けやすい、カップ際の転がり方はしっかり見ましょう。

最後に、いちばんのクセ者、芝目の読み方です。今はどこのゴルフ場も西洋芝の〝ベント芝〟が主流になり、日本特有で芝目の強い〝高麗芝〟は少なくなりました。よく、「ベント芝は芝目がなくて、傾斜だけを読めばいい」といいますが、少ないというだけで、まったくゼロにはならないので、芝目はしっかり読むクセをつけましょう。

たとえば、同じフックラインでも、カップまで順目か逆目かで、転がり方も曲がり方も変わります。順目だと摩擦抵抗が少ないので曲がりも小さく、ストレート気味に狙っていけますが、逆目は抵抗が強いので、カ

「ゴルフは手前から」は古い？

バブル前にできたほとんどのゴルフ場のグリーンは、奥から手前に傾斜している「お椀型」。しかし、バブル期を境に、「ポテトチップス型」のグリーンが登場する。
昔のグリーンの場合、奥に外したら下り傾斜の難しいラインが残るので、「手前から攻めろ」が鉄則だった。しかし、これも今は昔。「ゴルフは手前から攻めるものだ」といってグリーンを狙うと、手前から山を登って、さらに下ったところにピンがある、ということもある。グリーンを攻めるときは、ピンとの距離感がポイントだ

ップ際でブレーキがかかるし、曲がり幅も大きく読む必要があります。

ボールからカップのほうを見て、芝が白く見えたら順目とか、黒っぽく見えたら逆目とか、芝目の読み方もいろいろありますが、誰でもできる簡単な方法をひとつ紹介します。

それはカップの縁の芝を見ることとです。朝早い時間だとわかりにくいのですが、時間がたつと、芝が伸びてきますよね。すると、片側の芝がカップにかかるように伸びてきて、反対側は芝が剥げてきて、カップが崩れやすくなります。つまり、芝が伸びているほうから崩れているほうに順目、ということとです。

自分のボールの置かれている状況は転がりやすいのか、転がりにくいのか。それがわからないと、正確なタッチもラインも見えてきません。

グリーンに乗ったら、アンテナの感度をより高くして、少しでも多くの情報を集めることが大切です。それが3パットをなくすことにも繋がるし、スコアにも直結するのです。

ルークと松山の攻め方でわかるバーディの獲り方

プロは、事前に緻密なコース戦略を練って試合に臨みます。ツアーでは、開催コースがルーティン（毎年同じ）になっている試合が多いので、過去に出場したときの攻め方がベースになりますが、ホールによってはティグラウンドの位置が変わったり、ハザードが増えるといった改造や改修が行われている箇所があるので、そういう場合は、練習ラウンドでしっかりチェックします。

もちろん、プレーヤーの飛距離、球筋、そのときの調子などによって、コースの攻め方はガラリと変わります。それらすべてを吟味し、最善の策を練るわけです。

12年の国内男子ツアー『ダンロップフェニックストーナメント』（フェニックスカントリークラブ）には、世界ランキングの頂点にも立ったルーク・ドナルド選手が出場しました。

この試合には日本ゴルフ界の期待の星である、松山英樹選手（当時アマ）も出場して、優勝争いに絡む活躍を見せましたが、ホールによっては2人の戦略に大きな違いがあることに気づいた人もいるのではないでしょうか。

その違いがはっきりと表れていたのが、13番ホールです。このホールを2人がどう考え、どう攻めたのか。ここで詳しく解説してみることにしましょう。

13番パー4は、このトーナメントの見どころのひとつといえるホール。ゆるやかに左にドッグレッグしていますが、距離が332ヤードと短いので、左の林越えに成功すれば、1オンしてイーグルのチャンスもある。グリーンまでは直線距離で約280ヤードですから、キャリーで270ヤード飛ばせる選手なら、1オンが可能なホールです。

ただし、1オン狙いには当然、リスクもある。左に曲げて林のなかに突っ込めば、ダブルボギー以上は確定。右にミスすると、それほど〝大事件〟にはならないものの、グリーンが砲台になっているので、ドライバーで距離は届いても、グリーンからこぼれてしまうことが多いのです。

飛距離という武器を持たないプレーヤーは、このホールをどう攻めるかというと、左ドッグレッグのコーナーあたりに、ショートウッドやユーティリティでレイアップするのです。ティショットを刻んでも、2打目地点からグリーンまではウェッジで十分狙える距離になるので、プロにとってはバーディを獲りたいホールといえます。

この13番ホールで松山選手は4日間とも1オンを狙いました。彼のドライバーの平均飛距離は300ヤード。この飛距離なら、キャリーで直接グリーンに届かせることができ、上手くいけばイーグル、ティショットを多少ミスしても、グリーンの近くまで運ぶことができればバーディは獲りやすい、という計算でしょう。

一方のルークはというと、4日間のうち、3日間はUTでティショットを打ちました。ティからいちばん近い右サイドのバンカーに入れないように、ドッグレッグのコーナーにレイアップしたのです。

彼のドライバーの平均飛距離は280ヤードですが、キャリーは270ヤード前後なので、グリーンに直接届かせるのは厳しい。フォローの風でも吹かない限り、左手前のバンカーまでしかキャリーで届きません。それならレイアップして、フェアウェイのいいライからウェッジで打ったほうが安全で、なおかつバーディも狙える。そう考えたわけです。

この攻め方を見ても、2人が思い描いている「バーディを獲る」イメージの違いがわかりますよね。

つまり、松山選手の頭のなかのイメージは「バーディ＝パワー」。ティショットで飛距離を稼いで、グリーンを狙う距離が短くなればなるほど、バーディを奪える確率が高くなる、という考え方です。

逆に、ルークの場合は、「バーディはウェッジとパターで獲るもの」と考えている。これは本人も語っていることだから、間違いありません。

さて、まったく違う攻め方をした2人の結果はどうだったか。2人ともバーディ

ルーク vs 松山

確実に
バーディを獲る攻め方

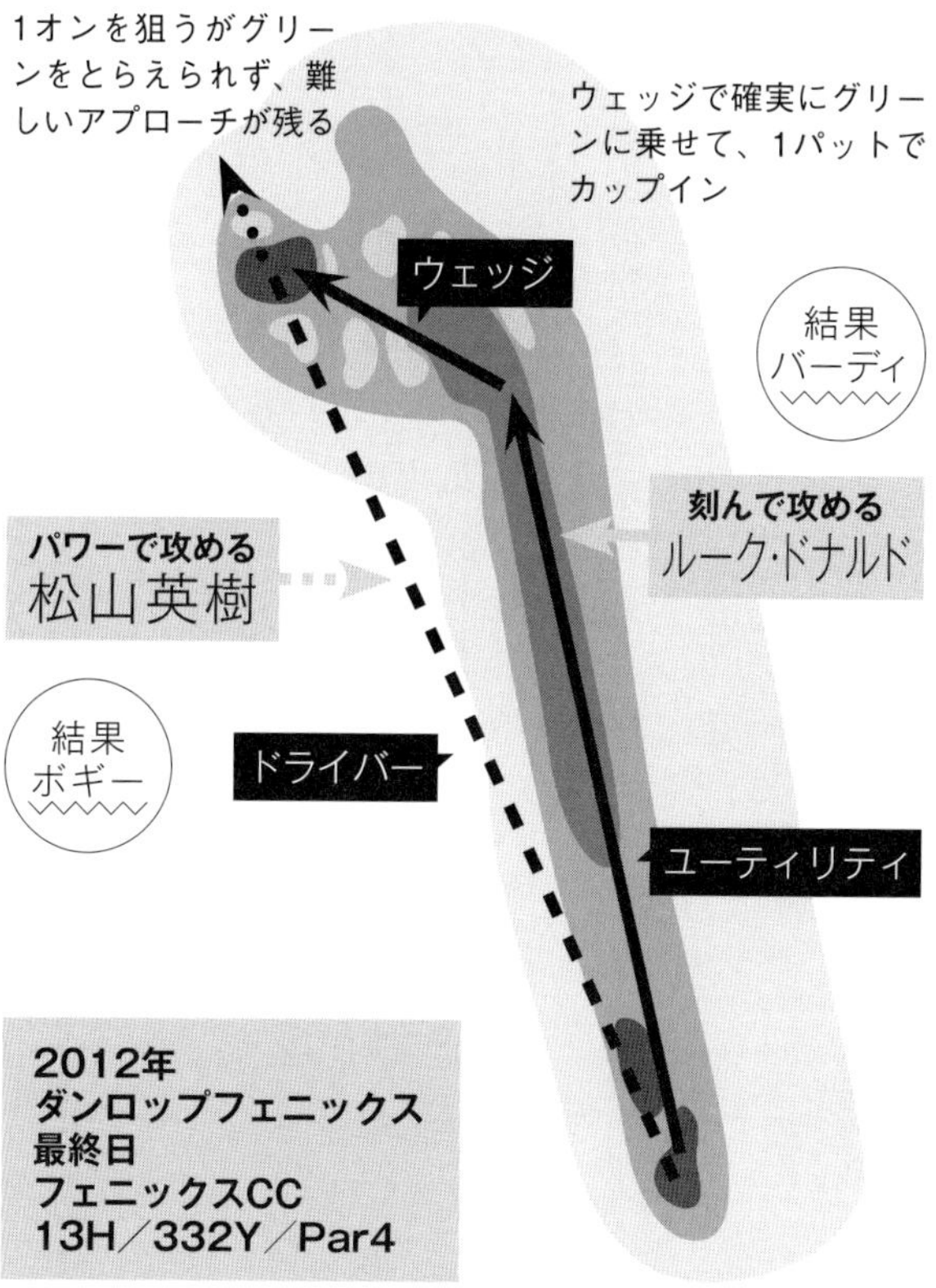

を奪ったのは、2日目だけでした。松山クンは最終日も1オンを狙いましたが、グリーンを外してアプローチも寄らず。しかも、3パットをしてボギーを叩いてしまいました。

これでは、ダメですね。

最終的にはルークに5打差をつけられて2位に終わりましたが、11、12番ホールで連続バーディを奪って、3打差まで詰め寄っていただけに、13番ホールの攻め方は非常にもったいない。この13番ホールのボギーで、追撃の流れが完全に止まって、追われる立場のルークを楽にしてしまいました。

ルークが唯一、バーディを奪ったのは2日目。実はこの日だけ、彼はUTではなく、ドライバーで左の林の上をショートカットして狙っていったのです。

ボールはやはり左手前のバンカーに入りました。それがわかっているのに、なぜルークは2日目だけドライバーを握ったのか。それは2日目のピン位置が手前に切られていたからです。

ピンが奥に切られてしまうと、距離のあるバンカーショットを打つことになりますよね。でも、こういうショットは、プロでも難しい。距離を出すために、砂を薄く取りにいけば、ホームランをしてしまう危険があるからです。

ですから、ルークにとっては、UTでレイアップするのが基本なのでしょうが、ピンが手前なら、左手前のバンカーに入ることを想定内に、ドライバーでグリーンの近くまで運ぶ。最初から、そういう戦略を立てていたのでしょう。

いくら飛距離に自信があっても、スコアはウェッジとパターで作るもの

松山選手のように、ドライバーで狙うということは、野球でいえば、フェアグラウンドはグリーン上にしかなく、それ以外は全部ファウルということです。彼のパワーがあれば、狙っていきたくなる気持ちはわかりますが、2オン可能なパー5でイー

グルを奪うよりも可能性が低く、ひとつのミスが〝大事件〟に繋がるリスクも高い攻め方といっていい。

ルークは条件が揃った2日目だけ、ドライバーで狙ったけれど、基本的にはティショットのリスクを回避しながら、「ウェッジとパターでバーディを獲る」という得意のパターンで勝負したわけです。

松山選手の戦略はアグレッシブで、現場で観戦しているギャラリーも、テレビの前で見ているファンも喜ぶし、期待もするでしょう。石川遼選手に対しても同じことがいえます。ファンを楽しませる、という部分では、決して間違いだとはいいません。

ただ、ファンは期待するだろうけれど、パワーで攻めるのは、やっぱり無理がある。ルークの攻め方こそが、ゴルフというゲームの本質であって、いいスコアで回るための攻め方なのです。

皆さんも、自分のセールスポイントとウィークポイントがどこにあるかを冷静に判断して、コース戦略の組み立てを考えてください。そうすれば、必ずスコアアップに繋がるし、ゴルフがもっと楽しくなるはずです。

藤田と武藤にみる、攻めと守りの戦略

コース戦略を考えるとき、プロは1ホールに対して攻めと守りの2つのルートを用意し、そのときの状況によって、どちらが最適かを選択しています。

たとえば、12年国内男子ツアー最終戦の『日本シリーズＪＴカップ』（東京よみうりカントリークラブ）の最終日。トップで逃げきりを狙う藤田寛之選手と、それを追う武藤俊憲選手は、終盤の16番ホールでそれぞれが置かれた状況を象徴する攻め方をしました。

16番パー4は、距離が410ヤード。ティグラウンドからグリーンまではストレ

ートなホールですが、右サイドは崖でOBになっていて、フェアウェイは左から右に傾斜しています。

グリーン周りも、右サイドにこぼすとOBの危険があります。そしてグリーンは奥からと左からの傾斜がかなりきつい。最終日のピン位置はセンターのやや右サイドに切られていました。

このホールを安全にやり過ごすなら、ティショットを左サイドに打ち出して、しっかりフェアウェイをキープし、2打目をピンの左サイドに逃げて、2パットのパーで凌ぐ。これが〝守り〟のルートです。グリーンの左サイドに乗せると、下りのラインのパットになるので、近くに寄せたとしてもバーディは難しい。それなら、2パットのパーで凌ごうという計算です。

このホールでバーディを獲るには、ティショットをフェアウェイの右サイドに置き、2打目をピン右下の狭いエリアに乗せ、そこから上りのパットを打つしかありません。しかし、これはとてもリスクの高い攻め方で、ほとんどのプレーヤーは、

藤田 VS 武藤

勝負を決める、攻めと守りの戦略

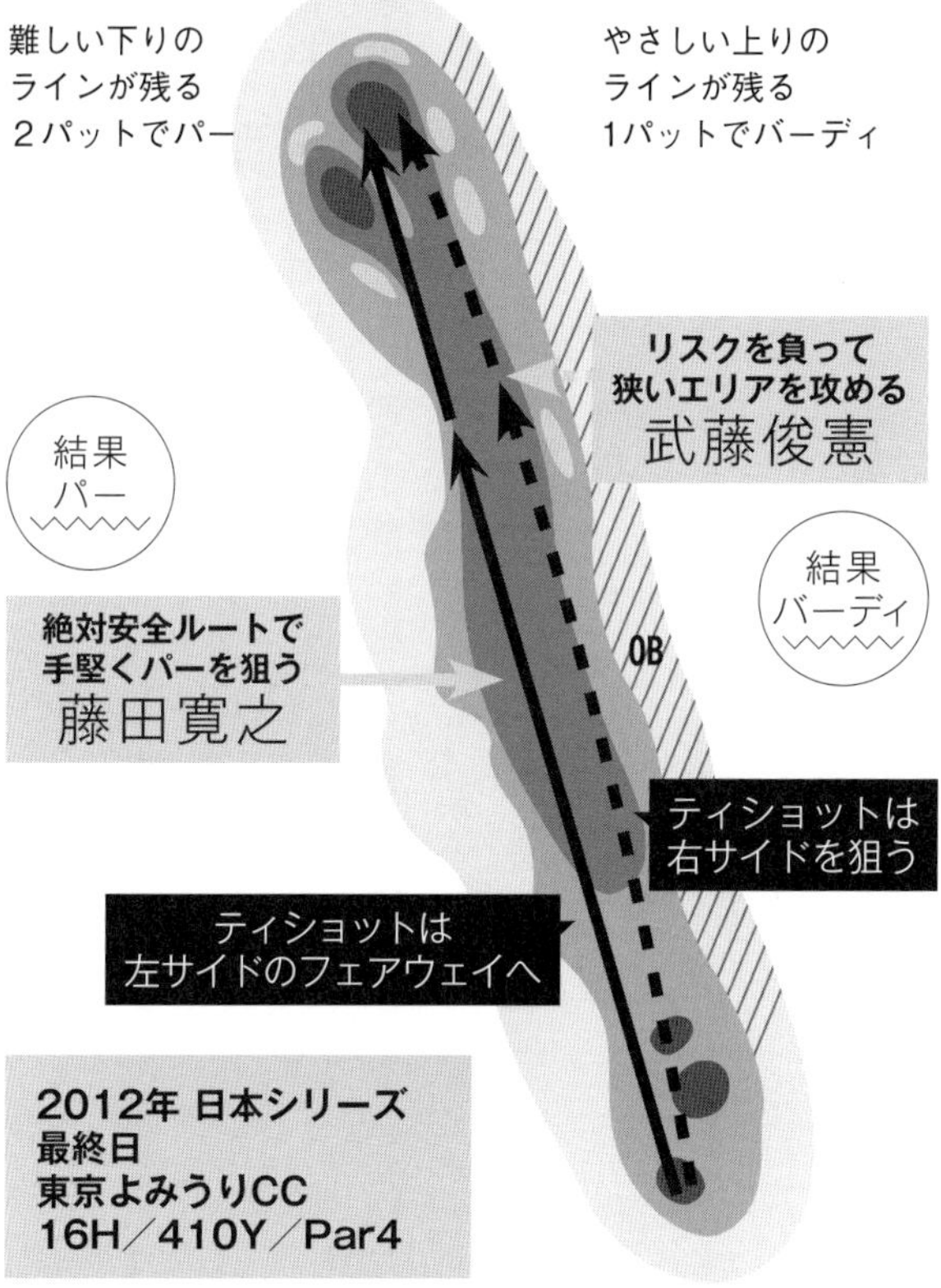

安全に左から攻めていました。

基本的に、ゴルフ場というのは、リスクを背負ってOBラインぎりぎりに打って成功すれば、セカンドで狙いやすい設計になっています。つまり、リスクを恐れずに攻めたものには、〝ご褒美〟が用意されているということ。そうやってプレーヤーを誘ったり、迷わせたりしているのです。

まず先に16番ホールにやってきたのは、最終組から2組前でラウンドしていた武藤選手。トップの藤田選手とは差がついていましたが、スタートからスコアを4つ伸ばして、2位争いを展開していました。

武藤選手のティショットは、フェアウェイの右サイドへ。「2打目はどうするのかな」と思って見ていると、普段よりもショットに時間をかけていたので、「これは狙うつもりだな」とわかりました。

ボールは、左足下がりとつま先上がりが複合したライ。ボールが左に飛び出しやすいので、難易度としてはかなり高い。そこから、ピンの少し右を向いて、「ここしかない!」というピンの右下3メートルのところに、見事に乗せてきたのです。もちろん、やさしい上りの3メートルのパットをしっかり沈めて、バーディを奪取しました。

この日の武藤選手のように、下から追い上げてきて、ひとつでも上の順位を狙いたい、という状況では、危険を冒してでもバーディの獲りやすい位置を狙うしかありません。そのプレッシャーがかかる状況で、ビシッと乗せてきたのは、これぞまさにプロの技です。

では、トップを快走する藤田選手はどうしたか。2打目をきちんとピンの左サイドに乗せてきました。しかも、武藤選手よりカップに近い、2メートルの位置にナイスオンです。

藤田選手が16番ホールのティグラウンドに立っ

勝負どころを見極めて、攻めと守りの戦略を立てることが大切

た時点で、前の組で回る2位のハン・リー選手とは4打差でした。次の17番ホールはイーグルも狙える、比較的やさしいパー5だけど、最終18番のパー3はパーをセーブするのも難しいホール。それだけに16番ホールでは絶対にOBなどの〝大事件〟を起こさず、リードを保った状態で残り2ホールを迎えたい。

そういう場面でしたから、無理をしてピンの右サイドに打つ必要はなく、しっかり左サイドに逃げたわけです。

左に逃げると、たとえ2メートルに寄っても、下りの難しいラインが残ります。パットの巧者・藤田選手でも、これを沈めることができず、カップを1メートルもオーバーしてしまいましたが、それでもパーパットをしっかり決め、予定どおりのパーでこのホールを凌ぐことができました。

攻める選手と守る選手。この日本シリーズ最終日の16番パー4は、両者の戦略の違いがはっきりと表れた、典型的な例といえます。

ラウンドの後半でベストスコア更新が見えてきたときや、ゴルフ仲間のライバルとスコアを争っているときに、この藤田選手と武藤選手のエピソードを、ぜひ思い出してください。

今、この状況でどうやって攻めるのがベストなのか。中途半端にミスを怖がって自滅、というパターンを避けるために、しっかり戦略を立てて臨むことが大切です。

これこそが、〝ラウンド力〟です。

インタビューでわかる王者の戦い方

「とにかく一生懸命でリーダーボードを見ないようにして、目の前の１打１打に集中しました」。初優勝した選手は、だいたいこんなコメントをする。英語だと「one shot at that time」というのが、決まり文句だ。しかし、それが、２度、３度勝つようになり、10勝くらいするようになると、「相手が追いかけてこなかったみたいだし、大きなミスをしなければ、勝てると思いました」というコメントに変わっていく。それは、上手くなればなるほど、ゴルフが熟せば熟すほど、相手のゲーム、スコアの伸びを見てプレーできる強さがあるという証拠だ

マスターズでレフティが強い理由

「レフティは勝てない」。以前マスターズでは、こういうジンクスがありました。開催コースであるオーガスタGCは、左にカーブしているホールが多く、右利きの選手がドローを打てれば、コースなりに攻めることができて、なおかつ飛距離も稼げるからです。

右利きの選手にとってのドローボールは、レフティにとってはフェードボール。フェードはドローに比べてコントロールしやすく、かつ危険も少ない球筋なので、フェアウェイをキープするには有効ですが、飛距離が出るのはやっぱりドロー。そこに、レフティがマスターズで戦う難しさがあったわけです。

しかし、この10年間のうち、レフティが半分の5勝を挙げています。

なぜそうなったのか。その理由は、最近10年間で飛躍的に進化したギア（道具）の影響がもっとも大きいといえます。特にドライバーは、ヘッドサイズが460cc

まで大型化し、シャフトも長くなりました。重心距離が長くなり、慣性モーメントが大きくなったドライバーは直進性が高く、スウィートエリアも拡大しています。つまり、曲がりにくい、やさしいクラブになったわけです。

言い方を変えると、インテンショナル（意図的）にボールを曲げにくくなったのです。特に、右利きのプレーヤーがドローやフック系のボールを打つのは、最新の大型ヘッドドライバーでは至難の技です。ボールがつかまりにくいので、かなりフェースを返さないとフックは打てません。

無冠の王者といわれたミケルソンも、マスターズで通算3勝。この10年間でレフティが5勝も挙げている

逆に、フェードやスライス系のボールを打つのはカンタン。普通に打てば、ほぼストレートから、軽いフェード系の球筋になってくれます。しかも、小ぶりなヘッド

のときに比べて、飛距離が落ちることもなくなりました。

それまでインテンショナルにドローで攻めていた右利きのプレーヤーは、ドライバーだと右に真っすぐ抜けてしまうケースが多く、また、無理にドローをかけにいって左に引っかけるミスが出やすいので、ボールがつかまりやすい3Wをティショットに使うケースも増えました。

逆に、レフティはスウィングを変えなくても、ドライバーでコースなりのフェードが打ててしまう。これが大きなアドバンテージになっているわけです。

そして、他にも〝レフティ有利〟といえる理由があります。それはマスターズの歴史で、幾度となく勝負を左右してきたバック9の11番から13番ホール、通称〝アーメンコーナー〟の存在です。

12番のパー3に関しては、前述したとおり、左サイドが近く、右サイドが遠いグリーン形状のため、右利きのプレーヤーが右にミスすると、ショートして手前の池に入りやすく、左にミスすると、飛びすぎて左の奥に外しやすい設計になっています。右利きにとってはミスが即ボギー以上に繋がるホールでも、レフティにとってはミスがミスにならないわけです。

11番のパー4と13番のパー5は、ともに左ドッグレッグのホール。右利きのプレーヤーにはティショットでドローボールが要求されますが、レフティはフェードでいいからプレッシャーは少なくて済みます。

さらにフェアウェイが左に傾斜しているので、右利きはつま先上がりからグリーンを狙うことになります。当然、左に曲がる強いボールが出やすいので、オーガスタのガラスのグリーンに止めるのは難しい。逆にレフティは、つま先下がりからフェード系で攻められるので、グリーンで止まる球が打ちやすい。つまり、アーメンコーナーは、レフティにとってはもともと攻めやすいホールだったわけです。

クラブの進化でデメリットがメリットに変わり、勝負どころのアーメンコーナーはもともと有利。これだけの条件が揃えば、レフティが10年間で5勝というのも、決して不思議ではないのですよ。

❸ タケ小山の もう一言 言わせて!

直輸出プロが日本を強くする!

ツアープロとは、試合に参戦し賞金を稼ぐプロのこと。しかし、試合が少ない国の選手は、国内では稼げないので、試合が多い国へと渡り歩く。これを『渡り鳥』なんていう人もいたよね。

80年代後半から90年代前半のバブル時に、試合数と賞金額で世界第2位まで上りつめた日本ツアーは、『渡り鳥』から見れば、まさに『黄金の国・ジパング』。外国人選手流入を規制していながらも、オーストラリアや台湾、韓国などから、たくさんのツアープロが押し寄せてきたものでした。

日本のプロも、海外へ行きましたよ。しかし、そのほとんどがメジャーの日程に合わせて、その前後の数試合をこなす『スポット参

Colum

戦』。海外に常駐しながら参戦する選手は、皆無でした。

ところが、ある選手がツアープロの世界標準を日本へ持ち込んだのです。今田竜二選手と宮里美香選手。この2人は、アマチュアのまま海外へ飛び出し、他国でツアープロとしてデビューした『直輸出プロ』なのです。

あくまで、主戦場は海外。今田選手は14歳でアメリカへ渡り、フロリダ州のゴルフアカデミーに入校し、ゴルフの練習に明け暮れました。その後、ゴルフの名門・ジョージア大学に進学し、卒業を待たずプロへ転向したのです。

14歳8カ月という史上最年少で、日本女子アマチュアのタイトルを奪取した美香選手も、高校卒業と同時に渡米、その半年後の米女子ツアー予選会で上位に入り、プロ宣言をしました。その後の活躍は、説明するまでもないでしょう。

現在でも、日本で活躍する多くのプロは、海外ツアーへは、『スポット参戦』。異国の文化と生活スタイルに短期間で慣れ、結果を求められることが多いけれど、このスタイルで勝つのは非常に難しいこと。やっと慣れた頃に、帰国と相成ってしまうからね。

一方、『直輸出』の場合、最初は苦労するだろうが、言葉さえマスターしてしまえば、こっちのもの！　プレー以外での余計な神経を使わず、試合に集中できる。これがいちばんの強みなのです。しかも、米国のタフなコースにも、日常的に慣れることができるので、より緻密なゴルフができる。

2人の『直輸出プロ』が作った新たな道で、これからも多くの若者が海を渡り、世界を舞台に活躍するでしょう。そして、それが日本のゴルフのレベルアップにも繋がっていくことに、私は期待しているのです。

第4章　プロの試合はこうしてできた

招待試合から始まったプロツアー

ここで少し、日米のプロツアーの違いをお話ししましょう。

ゴルフというスポーツで、プロが試合をするようになったのは、アメリカのメンバーシップのゴルフ場が、プロを集めてエキシビションマッチを始めたのがきっかけです。

「たまにはプロでも呼んで、彼らの技がどのくらいすごいか、見てみよう！」と、メンバー同士がお金を出し合い、集まったお金を賞金にしてプロを招待し、ワン・デイ（1DAY）の試合を組みました。いってみれば、これがプロのトーナメントの始まり、というわけです。

現在の米ツアーでも、『Arnold Palmer Invitational』（アーノルド・パーマー招待）というように、ツアー名称に『Invitation（招待）』という言葉が含まれている試合があるのは、「プロを招待して試合をする」名残があるからでしょう。

その後、「あっちのコースがエキシビションマッチをやっているらしいぞ。だったらウチのコースでもプロを集めて、対決させようじゃないか」といって始まったのが、インタークラブマッチ、つまり日本でいうクラブ対抗戦です。やがて、地域や規模が拡大し、地区オープンや大都市の試合へと発展していったのです。

観客を楽しませるのがプロスポーツの原点

「今日はあのコースでエキシビションがあるから、出場すればお金がもらえるぞ」

プロの技を見るために集まったギャラリーを存分に楽しませ、そこで集まったお金を報酬として受け取る。プロたちは、いわば〝出稼ぎ芸人〟のような存在だったのです。

初期の頃の、欧米のプロの試合では、ゲームが終わったあとに、必ずエキシビションが行われていました。それは、プロが曲芸的なショットを披露したり、プロとアマチュアが一緒にラウンドしたりと、かなりエンタテインメント性の高いイベントだったのです。

最近、日本ツアーでも、ファンサービス重視の姿勢を打ち出し、ファンにサインをしたり、一緒に写真を撮ったりということを、積極的に行うようになりましたが、そういうことは、欧米のプロの試合では、昔から行っていたことでした。

たとえば、アメリカのメジャーリーグで、試合が雨で中断すると、選手たちがグラウンドに出てきて、ヘッドスライディングなどのパフォーマンスをするシーンを見たことがある人も多いでしょう。

球場にきてくれた観客が、試合が中断している間も退屈しないようにと、選手たちはアイデアを練る。スタンドで観戦するファンはそれを見て、雨でズブ濡れになっているのも忘れて、大いに盛り上がる。ああいうショーマンシップを持った選手たちが、欧米のプロスポーツ界にはとても多い。

アメリカのプロゴルフツアーが魅力を失わないのは、「お客さんを集めて、その入場料で食べる」というプロスポーツの基本概念を、選手一人ひとりが自覚しているからなのです。

アメリカではゴルフで街中がお祭り騒ぎ！

ゴルフ場のエキシビションマッチから、インタークラブマッチ、地区オープン、そして大都市へと拡大していった米ツアーですが、今でも地区オープンが原点となり、試合名を変えながら開催されています。そのため、地域色が非常に濃く、それが日本ツアーとは異なる特徴といえます。

トーナメントが開催される週は、地元の人たちにとってのお祭り期間です。昔から、その地域で行われているゴルフ大会であるということが、その理由です。

また、もうひとつ日本にはない、大会を盛り上げるためのルールがあります。それは、米ツアーには、ローカルPGAプロの枠があるということ。地元の大会だったら出場できるプロがいるので、その地元プロを応援しようと、地域の人が一体となって大会を盛り上げるのです。

大会の大小に関わらず、米ツアーの試合は一大イベントとして地域に根づいている

地元プロが出場することによって、彼らの親戚縁者や、出場するプロからゴルフを教わっている人々が、ツアー会場にたくさん訪れます。もちろん数十人程度が応援にきたところで、何万人ものギャラリーがいることを考えれば、小さなことです。しかし、地域とツアーとの一体感が生まれ、ツアー自体が盛り上がりますし、その結果、地域にとってゴルフというものがかけがえのない存在

となるのです。

それは、下部ツアー『WEB・COMツアー』でも同じです。「こんなところで試合するの？」と驚いてしまうような田舎町で開催しても、地域のお祭り的要素が強いので、そこそこ盛り上がります。

こういうツアー構築が、アメリカでゴルフが根づき、野球やバスケットボールなどと同様に人気スポーツである、ひとつの要因ともいえるでしょう。

最高のエンタテインメント『フェニックスオープン』

米ツアーで異常な盛り上がりを見せるのが、毎年2月上旬にアリゾナ州フェニックスのTPCスコッツデールで開催される『フェニックスオープン』です。

まず驚くのが集客数のすごさ。1週間の観客数はなんと約50万人。つまり、たった1週間で東京ドームを10回超満員にしてしまうのです。

そして、なんと、この試合の興行元は、フェニックス市の青年商工会議所。最初は町興しの一環で始めたのが、米ツアーを代表するビッグイベントにまで成長させたというわけです。

現在、このトーナメントには、『ウェイスト・マネジメント』という、大手の廃棄物処理会社がスポンサーについているのですが、もしスポンサーが撤退しても、試合の開催にはなんの影響もありません。

なぜなら、仮に観戦料が1人25ドルだとしても、50万人集まれば、それだけで10億円以上のお金が入ってくるから。これほど優良で、自立したトーナメントは、世界中のどこを見渡しても、恐らくないでしょう。

そしてこの試合の名物ホールが、なんといっても16番のパー3です。ホール全体がスタンドで囲まれていて、ゴルフコースなのに、ここだけは野球やアメリカンフットボールのスタジアムのようになっています。

ゴルフの場合、選手がプレー中に観客は音を立てないのがマナーですが、16番ホールだけはそんなことはおかまいなし。ギャラリーはビールを片手に、大声でティグラウンドにやってくるプレーヤーに声援を送ります。距離が短く設定してあるので、ピンをデッドに狙ってくる選手にはヤンヤの大歓声。グリーンに乗せただけだと、ブーイングの嵐です。

地元のアリゾナ州にゆかりのある選手、たとえばアリゾナ州立大学出身のフィル・ミケルソン選手などがやってきたりすると、その盛り上がりは頂点に達します。

若手有望株のリッキー・ファウラー選手は、トレードマークにもなっているキャップをたくさん用意して、それに

アメリカはマイカー派 日本は鉄道派

日米の観戦時の違いのひとつに「交通アクセス」がある。アメリカの場合、基本的に車で観戦に行く。『ザ・プレーヤーズ選手権』を開催するコース『TPCソーグラス』は、ゴルフ場の周りの駐車場を購入しギャラリーに開放している。一方、日本の場合、昔からの名門コースは、ほとんどが駅の近くにある。これは英国のコースの影響を受けているから。
最寄り駅からギャラリーバスが出ている場合が多いが、賞金ランク下位の選手のなかには、経費削減のために、車ではなくギャラリーバスを利用する選手もいるとかいないとか……？

サインを入れてスタンドに投げ入れたり、以前は飛ばし屋のバッバ・ワトソン選手とベン・クレイン選手の2人が、アドリブでラップを歌ったこともありました。他のプロたちもそれぞれのアイデアで、ギャラリーにサービスをします。

ギャラリーだけでなく、選手たちも、この試合だけは特別なものなのです。こういう『フェニックスオープン』のような試合が、日本ツアーにもひとつぐらいあると楽しいですよね。

景気に左右されやすい日本ツアー

日本ツアーに目を向けてみると、ほとんどの試合が企業1社のスポンサードで開催されています。レギュラーツアーだけでなく、下部のチャレンジツアーも同じです。まずスポンサーありきで大会が成立している。ここが米ツアーとの大きな違いです。

1社の企業が試合をスポンサードする現在の開催方法だと、経済が安定していて、企業の業績も好調なときはいいですが、経済状況が悪化すると、「会社の業績が悪いのに、ゴルフの試合のスポンサーなんかやっている場合じゃないだろう」と、真っ先に広告宣伝費が削られてしまいます。実際、ここ数年で男子ツアーは、試合数が徐々に減少し、厳しい状況に置かれています。

11年に「みんなで作るゴルフトーナメント」をキャッチフレーズに『とおとうみ浜松オープン』が開催されました。この大会は、大企業の1社スポンサードに頼らず、地域密着ということをコンセプトに掲げた大会で、地元市民へのチケット販売で運営した、日本では新しい形の大会でした。しかし、実際の運営は

地域主体で運営するのは日本ではまだ難しいが、成功すれば試合数が増え、ゴルフ界も活性化するだろう

厳しく、残念ながらわずか2年のみの開催になってしまいました。

日本ツアーも、アメリカでプロの試合が始まったときのように、選手個人の力でギャラリーを魅了し、景気に左右されずに、日本に元気を与えられる存在であってほしいと願うばかりです。

第5章

プロの「練習」を真似して上手くなる

自分に合った指導スタイルを見つける

ここ最近、ゴルフに限らず他の競技でも、選手の育成方法がかなり変わってきました。「コーチング論」「トレーニング論」という言葉が身近になり、科学的な研究が進んで、選手の育成が欧米スタイルに近くなっています。

日本のゴルフ界も、現在では「プロコーチ」と呼ばれる人たちが、ジュニアの育成やトッププロのコーチを受け持ち、指導法が少しずつ欧米スタイルになっています。しかし、それはまだ一部に限られていて、心・技・体のすべてを、師匠から吸収する昔ながらの師弟関係が根強く残っているというのが現状です。

トッププロの世界にも、「ジャンボ軍団」「青木ファミリー」「チームセリザワ」というような、派閥や師弟関係とは少し違うグループ的なものが存在しますが、それも欧米にはない、日本独特の文化でしょう。

アメリカの場合は、技術コーチやコンディショニングコーチ、メンタルコーチと、日本の言葉でいう心・技・体の分野を、それぞれ別の指導者が担当するという、完全分業制が基本です。前述した米ツアーのテレビ中継番組の作り方と同じで、それぞれの分野にスペシャリストがいて、他の分野には一切、手を出さないのが欧米スタイルの指導法です。

しかし、この欧米スタイルが必ずしも正しいというわけでもない。たとえば、日本ゴルフ界の礎を築いた中村寅吉さんや小野光一さんといった方たちは、日本的なスタイルでカナダ・カップに優勝して、

カナダ・カップの優勝でゴルフブームが巻き起こる!

1957年、霞ヶ関カンツリー倶楽部（埼玉県）で行われた、当時のゴルフのオリンピック『カナダ・カップ』（現在のワールドカップ）に、日本代表として中村寅吉と小野光一のペアが参戦。サム・スニード（アメリカ代表）や、ゲーリー・プレーヤー（南アフリカ代表）など世界の強豪を含む30カ国60人が出場したなかで、日本チームはペアで優勝。中村は個人優勝も果たし、世界一になった。この活躍が、戦後のゴルフブームのきっかけにもなった

見事世界一になりました。

その後、中村寅吉さんは日本女子プロゴルフ協会（ＪＬＰＧＡ）を創設し、付きっきりで指導した弟子の樋口久子さんが、77年に全米女子プロを制して、日本人として初のメジャーチャンピオンになったのです。まさに、師弟関係で勝ち取った快挙といえるでしょう。

宮里藍ちゃんも、父・優さんとの師弟関係で勝利を積み上げ、日本を代表する選手になりました。しかし、アメリカに渡ってからは、なかなか優勝できませんでしたよね。それで、藍ちゃんはどうしたかというと、優さんとの師弟関係も続けつつ、すべてが分業制の欧米スタイルの指導も取り入れ、成功したのです。

国や地域によって文化の違いがあるし、どちらが正しいやり方だということではありませんが、大切なのは、時代や流行に流されることなく、今の自分には何がいちばんプラスになるかを、自分自身で見極められるようになることです。これは、プロだけでなく、アマチュアが自分のコーチを探すときにも、同じことがいえます。

「ゴルフが上手くなりたい」じゃ上手くなれない

ゴルフは「見てなんぼ」ですが、上達のヒントがたくさん転がっているプロの試合を見ずに、ひたすら練習場で打ち込んだり、レッスンにばかり通う人がいます。もったいないですね。

しかも、「レッスンを受けているのに、なかなか上手くならない」という悩みもよく聞きます。

仕事帰りや休日に、熱心にスクールに通っているのに、思っていたよりスコアが上がらないし、ますます迷ってしまうという人も多いようです。その原因は、どこにあると思いますか。コーチの指導力不足というのもありますが、教わる側にも問題があるのですよ。

たとえば、私はアマチュアの人と一緒にラウンドするときに、「教えてください」

といわれたら、「いいですよ。で、何がしたいの?」と必ず聞きます。すると、「とにかく真っすぐ飛ばしたい」という答えが返ってきます。

「ボールは丸いから真っすぐには飛びませんよ。曲がっても前に飛んでいるからいいんじゃないですか」といったら、もうそれで終わりです。

「なんだ、タケ小山は冷たいなぁ」と思うかもしれませんが、私は「この人、真剣に教わる気がないな」と思ってしまうわけです。

つまり、「これを教えてほしい」という目的が曖昧なのです。これは、日本的な指導スタイルの悪いところで、教える側と教わる側の双方とも、最初のカウンセリングがないから、上手く機能しない。

もともと、指導者のことを〝コーチ〟と呼ぶようになったのは、人や物を目的地まで運ぶ四輪馬車の〝coach〟が語源です。わかりやすいように現代風でいえば、タクシーです。「真っすぐ飛ばしたい」とコーチにいうのは、タクシーの運転手さんに、「とりあえず、遠いところへ」といっているようなもの。何がしたいのかが、あまりにも漠然としすぎているのです。

ゴルフ未経験者は別にして、多少なりとも経験がある人は、「ゴルフが上手くなりたい」という漠然とした理由でスクールに通うのではなく、「ドローボールを覚えたい」「ショートゲームが上手くなりたい」というような明確な目的を持ち、それに適したプロやコーチを選ぶべきです。

コーチにもそれぞれ得意不得意な分野があるので、それを見極めた上で、目的地まで正確に導いてくれるコーチを、焦らず時間をかけて探せばいいのです。ドローボールをマスターしたいのに、フェードが持ち球のコーチに教わっても、あまり意味がないということです。

ある程度のゴルフ経験者で、ハンディもアベレージクラスなら、「こういう目的でレッスンを受けたいのですが、コーチの考えを聞かせてください」とビシッというべきです。まだ満足に100も切れないし、そんなこと聞く勇気がないという人は、1回単位で受けられるレッスンなどを利用して、「この人なら任せても大丈夫」

と思えるコーチに出会えるまで、あちこちの練習場を渡り歩けばいいのです。

タイガーのスウィング変遷から学ぶコーチの選び方

明確な目的を持ち、そのための適正なコーチを選ぶ。これが上達への最短ルートです。それをまさに実践しているのが、タイガー・ウッズ選手といえるでしょう。

タイガーはプロ入りしてからこれまでの間に、ブッチ・ハーモン、ハンク・ヘイニー、ショーン・フォーリー、という3氏にコーチングを受けていますが、コーチが変わるごとに、スウィングも大きく変化してきました。

まずタイガーが最初に門を叩いたのが、ブッチ・ハーモン氏です。当時はニック・ファルド選手とグレッグ・ノーマン選手が世界のトップを走っていて、ファルド選手はデビッド・レッドベター氏に、ノーマン選手がブッチに師事していました。この2人のコーチが、人気を二分していたわけです。

ブッチは、選手がもともと持っているスウィングはあまりいじらずに、ゲームに勝つための競争心や闘争心といった、メンタルの部分を重視するコーチです。プロの試合で勝利を積み重ねるには何が必要なのか。アマチュア時代からタイガーの目的はそこにあったはずです。

「プレースタイルも、ノーマン選手のほうがイメージに近いし、ブッチに教わるのがベストなのではないか」

これはあくまでも推測ですが、タイガーはそういう選択をしたのでしょう。

ゴルフの専門家の間では、「ブッチに教わっていたときのスウィングが最強」という意見が圧倒的で、これは私も同感です。

体がしなやかで、ナチュラルに振っているから、スウィングがスムーズで思いきりがいい。意識的に作り込んでいる部分がないから、とても気持ちよく振っているように見えます。

必ず明確な〝目的〟がある

意識的に
スウィングを作らず
しなやかで
思いきりよく振れる

フラットに振って
ボールをしっかり
つかまえる
スウィングに

左サイドに
軸を固定することで
アイアンの
精度が上がった

タイガーのスウィング改造には

プロで勝つための競争心を身につけたかった？

コーチ
ブッチ・ハーモン
1993~2003年

クラブの進化を利用してより遠くに強い球を打ちたかった？

コーチ
ハンク・ヘイニー
2004~2010年

ショットの精度を上げたかった？

コーチ
ショーン・フォーリー
現在

その後、03年には大親友であるマーク・オメーラ選手を教えていたハンク・ヘイニー氏とコーチ契約を結びます。

それまでは圧倒的な飛距離を武器にしていたタイガーでしたが、ドライバーの素材がメタルからチタンに変わり、ヘッドの大型化が進むと、タイガーよりも飛ばす選手が続々と出てくるようになったのです。

「このままのスウィングでは、クラブの進化に対応できない」

従来のアップライトなスウィングから、フラットに振ってボールをしっかりつかまえるスウィングへの改造を決意したタイガーは、ドローヒッターを育てる手腕に長けたハンクこそが、最適なパートナーだと考えたのでしょう。

このときのスウィングを見ると、まず体とボールとの距離が遠くなり、バックスウィングも低く、フラットに上がっているのが一目瞭然です。トップでは手首から手の甲にかけてのラインが平らで、スウィング中のフェースの開閉を極力抑えようという意図が感じられます。

ダウンスウィングでも、クラブがインサイドから下りてきて、フォローでは左に低く振り抜いています。ハンクに指導を受けていた期間に、タイガーは6つのメジャータイトルを獲得。この結果を見ても、タイガーの決断が間違っていなかったことを証明しています。

そして現在、タイガーは新コーチのショーン・フォーリー氏とともに、スウィング改造に取り組んでいます。ショーンが指導の根幹としている〝スタック＆チルト〟は、彼が指導するジャスティン・ローズ選手やハンター・メイハン選手の活躍もあって、今もっとも注目を集めているスウィング理論といえます。

現在のスウィングは、左サイドに軸を固定して、軌道もハンク時代のフラットから、若い頃と同じアップライトに戻っています。アイアン向きのスウィングなので、ドライバーのコントロールは難しいかもしれませんが、改造途中とはいえ、ミドルアイアンやショートアイアンの精度は確実に上がっています。

コーチが変わる度に、これだけスウィングが変わるというのは、すごいこと！

教える側と教えられる側がしっかりディスカッションして、ひとつの目標に向かって進んでいくから、これだけの劇的な変化が生まれるわけです。

それにしても、こんなにコーチのいうとおりにできる生徒は、プロのなかにも他にはいません。さすが、タイガーですね。

ハードウェアを変えるよりソフトウェアを調整する

たまにいいスコアが出たかと思うと、次のラウンドでは大叩き。前半がよければ、後半は崩れるし、その逆もあり。終わってみれば、結局いつものスコアに落ち着いてしまう……。これ、スコアの壁を越えられない、アマチュアの典型的なパターンですよね。

その原因は、どこにあるのか。ひとついえるのは、アマチュアはスウィングをいじりすぎることです。ショットの調子が悪かったり、大叩きのラウンドがあると、「スウィングに原因がある」と短絡的に考え、「上手くなるには、とにかくスウィングを直さなきゃ、どうにもならない！」と思ってしまうのです。

なかには、ラウンドの度に、「今スウィング改造中なんだよね」なんていう人がいますが、現役時代の某野球選手ではないのですから、そんなに頻繁にスウィングを変えていたら、当たるものも当たらないですよ。

実は、プロがスランプになったり、急に調子を崩すのも、スウィングを変えたことがきっかけになるケースがほとんどです。米女子ツアーでなかなか勝てなかった頃の、宮里藍ちゃんがいい例。彼女はドローが持ち球で、フェースが真上を向くくらい、トップでシャットフェースになるのですが、飛距離は出るけど、それでは硬くて速いグリーンでボールを止められない。シャットをスクェアに近づけて、フェードボールも打てるようにならなければ「アメリカでは勝てない」と考えたのでしょう。

でも、そのチャレンジは裏目に出てしまった。トップでのシャットフェースを直そうと思ったら、テークバックの始動で左手首を伸ばさずに、角度をキープする意識でクラブを縦に動かさないといけないのです。そのために、スウィングの始動からインパクトまでのタイミングが変わり、彼女の最大のセールスポイントである、〝スウィングリズム〟が変わってしまいました。

「アナタはマジックテンポを持っている」。ピアとリンからいわれたこの言葉が、宮里藍を復活させた

その後、ピア・ニールソンとリン・マリオットのコーチングで、「リズムは変えちゃいけないんだ」ということがわかり、スウィングを元に戻したら、勝てるようになったわけです。

たとえば、サッカーの日本代表監督が、選手のボールの蹴り方を直したりはしませんよね。ゴルフでも、プロの試合で優勝できる実力のある人が、スウィングを根本から変える必要なんてないのです。その時点で、ほとんど完成品なのですから。スウィングをフルモデルチェンジして、すぐにメジャーで何勝もするなんていう芸当ができるのは、タイガーくらいです。

「ちょっとフックの度合が大きくなりすぎているから、曲がり幅を修正しよう」という程度のソフトウェアの修正だけならいいですが、スウィングのリズムや、自然に振ったときに出やすい球筋といった、その人が本来持っているハードウェアの部分を変えるのは危険です。これはもちろん、アマチュアにもいえることです。

人それぞれが持っているハードウェアというのは、簡単に変えられるものではありません。なぜなら、それは意図的に作ったものではないから。視点を変えれば、意識しなくてもできるから、再現性が高いということです。これを自分からわざわざ崩すなんて、もったいないですよ。

11年シーズンにアメリカと欧州の両ツアーで賞金王になったルーク・ドナルド選手が、その年のシーズンオフにした練習はアプローチとパッティングだけです。「メジャーで勝つには飛距離アップが必要だ」なんて考えず、ただひたすらに自分のセールスポイントに磨きをかけたのです。

アマチュアも、安易なスウィング改造などやめて、自分の武器になるものを見つけて、それをとことん磨くことに時間をかけるべきです。

ドライバーでパーを獲ることはできない！

もしアナタが今、就職活動の真っただ中で、希望の就職先の面接試験に向けて、準備をしているとしたら、まず何をしますか。過去の傾向などをいろいろ調べ、質問される可能性の高い順に、最適と思われる受け答えを考えて、本番に備えて、何度もリハーサルしますよね。

では、これをゴルフに置き換えてみましょう。

使用するクラブはドライバー、FW&UT、アイアン、ウェッジ、パター。プレーヤーのレベルによって多少の違いはありますが、1ラウンド18ホール中、いちばん使用頻度が高いのはどのクラブでしょうか。

これはもう、明らかにパターですよね。仮に、すべてのホールを2パットでカップインさせたとして、1ラウンドで36回打つ計算になります。プロや上級者は30パット以下、平均スコア90くらいの人だと、36パットくらい。100くらいの人なら、40パットオーバーも珍しくないでしょう。

いちばん使用する回数が少ないのは、間違いなくドライバーですよね。18ホール中、4ホールはパー3だから、OBで打ち直しなどを除けば、最大でも14回しか打たない計算になります。パット数に比べたら、3分の1ほどしかないわけです。

さて、先ほどの面接試験の例から考えると、いちばんリハーサルすべきものは、当然パターですね。でも、アマチュアの皆さんの練習はそうなっているかというと、パターよりも、たった14回しか使わないドライバーを、必死に振り回しています。

その状態で面接試験（ラウンド）に行くとどうなるでしょう。どうでもいい質問は無難に答えられたけど、面接官が重要視している質問はしどろもどろ……。間違いなく〝不採用通知〟が届くでしょう。

アマチュアは、ドライバーでナイスショットが出ると、それだけで「ヨッシャー！」と満足してしまいがちですが、どんなに目の覚めるようなドライバーが打てても、最後にボールをカップに沈めるのは、パターかもしくはアプローチです。

プロの試合を見に行くと、コンスタントに好成績を挙げて、お金を稼いでいる選手はパターとアプローチの練習に、いちばん時間を使っています。ドライビングレンジでボールを打つより、練習グリーンやアプローチグリーンにいる

プロはラウンド後もグリーン周りの練習を欠かさない。それが勝負の分かれ目になることを知っているからだ

時間のほうが、圧倒的に長い。真っ暗になるまで、ひたすら練習グリーンでボールを転がしています。

ドライバーで、パーやバーディを獲ったりすることはできません。ですから、パターやアプローチをメインに練習しないと、レベルアップもスコアアップも望めないわけです。

１００回以上叩く人、90を切れない人のスコアを分析すると、手っ取り早くスコアを縮められるのは、グリーン周りなのです。

そこそこのショットでグリーン近くまで運んできても、アプローチでチャックリやザックリに往復ビンタ、バンカーから脱出できない……。やっとグリーンに乗っても3パット、4パットの嵐。もう、これだけですごい数ですよ。

ピンに寄らなくても、1回でグリーンのどこかには乗せられる。たまに3パットもあるけど、たいていは2パットで収まる。この程度の技術があれば、１００切りなんて簡単です。

ショットの練習は"30ヤード"が基本

練習場で100球打つとしたら、アナタだったら、どんな練習メニューを立てますか。まずウォーミングアップ代わりにアプローチを10球、体が温まったところでドライバー60球、いい感じに打ててきたのでアイアン30球。こんな練習では、残念ながら上手くなりません。

練習場でも、本番と同じような割合で練習するべきです。スコアメークの6〜7割は100ヤード以内のショットですから、半分の50球はその練習に充てる。残り半分のうち3割をアイアン、ドライバーは1ラウンドで最高14回しか使わないので、20球も打てば十分です。

賞金王の藤田寛之選手だって、オフの期間はウェッジでひたすら30ヤードのショットだけを打っています。なぜなら、30ヤード飛ばせる振り幅が、彼のスウィングの基本であり、そのエリアのクラブの動きを整えることが、何よりも大事だと考えているからです。フルショットは、30ヤードショットの延長だということです。

アマチュアは、遠くに真っすぐ打つことばかりを追い求めすぎですが、残念ながらボールは丸いので、真っすぐには飛びません。ましてや、ゴルフは飛距離を争う競技ではなく、狙ったところにボールを運ぶゲームです。だからこそ、縦の距離感を正確に打ち分けることが大切で、ドライバーの飛距離を磨くよりも、ウェッジで10〜50ヤードを10ヤード単位で正確に打ち分ける練習を徹底的に行うほうが、スコアに直結するのです。

ドライバーをどんなにたくさん打ってもアプローチは上手くならないですが、アプローチの練習は他のショットのレベルアップにも繋がるので、一石が二鳥にも三鳥にもなる。

地味だと思うかもしれないけど、地味なことをどれだけ続けられるかが、上手くなる人と上手くならない人の差でもあるのです。

1メートルのパットを一生懸命練習する

何度もいいますが、ゴルフでスコアに直結するのは、グリーン周りです。特にパッティングは、スコアの3〜4割を占めるのですから、何を差し置いても練習をしてほしいですね。

練習用のパターマットで、気が向いたときに数球転がすとか、ラウンド前の練習グリーンでカップを狙って転がすだけ、という人は、いつまでたっても上手くなりません。

本気でパッティングが上達したかったら、プロたちがやっている練習法を、ぜひ真似してみてください。トーナメント観戦に行く機会があったら、ドライビングレンジよりも、練習グリーンでプロの練習をじっくり見ることをおすすめします。

たとえば、多くのプロがよくやっているのが、カップを1周するように、ボールを等間隔に置いて、あらゆる方向からカップインさせる練習です。こうすると、同じ距離のストレートからスライス、フックまで、すべてのラインを打つことができます。最初は、1メートルくらいの短い距離から始めるのがベスト。1球1球、大事なパーパットだと思って、しっかり集中して打ってください。

「そんなの簡単すぎる」と思うかもしれませんが、実際にやってみると、意外に難しいのがわかるでしょう。

プロのエチケットも真似しよう

試合会場の練習グリーンでプロの練習を見ていると、大きなタオルの上に立って練習しているプロがたくさんいることに気づくだろう。プロは、パットの練習をする時間が長く、同じところから何球も続けて打つので、スタンスを取っている場所がへこんだり、芝が傷まないように、グリーン上にタオルを敷いて、その上に立って打っているのだ。コースはもちろん、練習グリーンもゴルフを楽しみにきているプレーヤー全員の共有物。アマチュアが長時間練習する場合も、こういうプロのエチケットは、ぜひ見習おう

中・上級者は、カップの手前中央にティなどを刺し、カップの右半分、左半分から入れる練習をしてみてください。これは、ほんの少しだけ曲がるラインで、カップの左右どちらか半分を狙って打つという状況のときに効果的です。

まだゴルフを始めたばかりのビギナーや、3パット、4パットがなかなか減らずにどうしても100を切れない、という人は、基礎をしっかりと頭と体に叩き込むために、練習グリーンでカップまでストレートなラインを見つけて、1〜2メートルの短い距離を徹底的に打つのです。

カップに入れるのではなく、目標に対して正確にボールを打ち出すのが練習の目的です。もし可能なら、ライン上にひもを張って、ヘッドの動きを確認しながら行うと、より効果的です。

トッププロでも、1メートルどころか、50センチくらいの距離を何十球、何百球と打ち続けることがあります。強い選手は、こういう基本的な練習を大切にするものです。

試合会場の練習グリーンは上達の宝庫だ！

スクェアに構え肩でストロークする

真っすぐ引いて真っすぐ出す

出球を正確にコントロールする

左手リードでストロークを安定させる

メンタルは技術と一緒に磨く

ゴルフはハーフで2時間前後、1ラウンドで約4時間という、他のスポーツと比べても、かなり競技時間の長いスポーツです。ところが、実際のショットにかかる時間はほんの数分。つまり、プレーをしているよりも、頭で考えている時間のほうが、圧倒的に長いのです。これが「ゴルフはメンタルのスポーツ」といわれる所以でしょう。

プロゴルフの世界で、メンタルトレーニングの重要性が認識されたのは、スポーツ心理学の博士でメンタルトレーナーのボブ・ロテラ氏が書いた本が話題になったのがきっかけです。その後、氏のトレーニングによって、ニック・プライス選手とトム・カイト選手がメジャーのタイトルを奪取し、一躍注目を集めることになりました。

日本では米女子ツアーで実力を発揮できずにいた宮里藍ちゃんが、アニカ・ソレンスタム選手を育てたピア・ニールソンとリン・マリオットの指導を受け、一気に米女子ツアーの頂点に駆け上がり、以来、メンタルの重要性がゴルフ雑誌などでも取り上げられるようになりました。

多くのアマチュアはメンタルというと、何か体のなかに眠っている潜在能力を引き出す催眠術的なものや、魔法のようなイメージを抱いているかもしれませんが、その考え方は間違い。メンタルは魔法ではありません。

私自身も、以前メンタル指導を受けていましたが、先生に、「メンタルトレーニングをしたからといって、誰でも短期間で必ず結果が出るわけじゃない。体を鍛えるトレーニングと一緒で、日々の積み重ねが大事だよ」とよくいわれたものです。

私が行ったトレーニングを紹介すると、まずラウンド後に、その日のベストショットとミスショットの、打ったときの状況や心理状態などを思い出し、細かく書き記します。それを積み重ねていくと、ナイスショットとミスショットの出やすい状況が明確になってくるので、ミスになりやすい状況を克服する技術的な練習を徹底的に行うのです。

具体的にいうと、当時、2段グリーンに苦手意識があり、イップスのような症状になったことがありました。2段グリーンはアメリカでは多いですが、日本のまんじゅう型グリーンで育った私にとっては、なかなか上手く攻略できなかったのです。

これを克服するために、まず、確実に上の段に乗せる練習をしました。寄らなくてもいいし、グリーンをオーバーしてもいい。とにかく、上の段まで打つ。それができるようになったら、次はカップを必ずオーバーさせ、奥にボールを集める。このように、ステップを踏んでいくと、少しずつ自信がつき、最終的にはカップに寄せられるようになって、自然と苦手意識を払拭することができたのです。

イメージしたことをイメージどおりにできる技術はあるのに、できない。それはメンタルの影響で技術が発揮できないからです。私が行った2段グリーンのトレーニングのように、メンタルと技術を一体化させることが大切なのです。

メンタルトレーニングで300ヤード飛ばそうというのは無理ですが、アプローチのときに、ある状況だけザックリするとか、OBや池が見えると思いきりよく振れない、といったことで起こるミスは、メンタルと技術を一体化したトレーニングで克服することが可能なのです。

球は曲がったままでいい！

アマチュアは、〝スライス＝下手〟と決めつけている人が多いようですが、ボールは曲がるもの。スライスしたっていいのですよ。

万年スライサーの人が、右サイドにOBがあるホールにきたら、「怖い」と思うのが当たり前ですよね。でも、間違いなくスライスするけど、どんなに曲がっても100ヤードだから、100ヤード左に向いて打ったとしましょう。もしこれでスライスを打ってボールをフェアウェイに運ぶことができたら、究極のメンタルタフネスです。どんな状況でも同じことができる、再現性が高いスウィングができるということです。

しかし、スライスするはずなのに、なぜか左に真っすぐ飛んでしまって林のなかに一直線という人は、完全にメンタルの影響を受けたことになります。同じ状況で、同じ心境で、同じ動きができないというのは、メンタルの何らかが左右しているということです。球が曲がるよりも、こういうゴルファーのほうが、ダメなゴルファーといえるでしょう。

リー・トレビノは持ち球を生かすゴルフに徹し、全米、全米プロ、全英を各2勝ずつ、メジャー通算6勝を挙げた

100ヤードスライスするから、100ヤード左に向いてフェアウェイのド真ん中をキープ。2打目で使う5Iは20ヤードスライスするから、20ヤード左に向いて打ち、難なくピンに寄せる。こ

ういうゴルフで、トッププレーヤーになったのが、往年の名選手、リー・トレビノです。彼はスライスを武器に、メジャー6勝、ＰＧＡツアー29勝をマークしたのですから、ボールが曲がることは、大したことではないのです。

ゴルフでいちばん大事なことは、「自分の描いたシナリオどおりに、いかにゲームを運べるか」です。真っすぐの球を打つよりも、どんな状況でもメンタルに影響されず、自分の持ち球どおりにボールを曲げることができる。そういう再現性を磨くことが大切で、これができるプレーヤーこそが、いいゴルファーといえるのです。

おわりに

カラダは汗をかかなくとも、頭のなかで汗をかけば、必ずゴルフのレベルは上がる。これが、私がこの本で皆さんにお伝えしたかったことです。

「ゴルフを見るだけで、無理せず汗を流さず上達してしまうなんて、うまい話が本当にあるの？」と、半信半疑でこの本を手に取って頂いた方もいるかと思います。でも、読み終えてみて、いかがですか。いわれてみれば「そうやってテレビ観戦していなかった」「試合会場でそのように選手を見たことがなかった」「選手たちはそういう意図でプレーしているのか」と感じて頂ければ、それはすでに〝ゴルフを見る力〟〝プレーを理解する力〟がついてきたといえます。

休日に試合会場でプロのプレーを観戦したり、家でリラックスしながらテレビ観戦したりと、目から入ってくる情報はたくさんあります。そのときに、「すごい飛ぶなぁ〜」「スウィングがきれいだなぁ〜」「あのショット、アプローチ、パットが凄かったなぁ〜」と結果だけ追い、そこで終了させてしまっては、いつまでたってもスコアの壁は越えられません。

「なぜ飛ぶのか」「なぜ刻むのか」「なぜあんなに簡単に寄せられて、パットが決まるのか」を考えることが、上達への近道であり、練習する時間がなくても、ライバルに差をつけるチャンスは、いくらでもあるということなのです。

テレビ観戦だけでなく、ぜひ、プロの技術を見に、試合会場に足を運んでください。そして、これからも、見て、プレーして、ライフタイム（生涯）スポーツのゴルフを楽しんでいきましょう。寝ても覚めてもゴルフ。素敵じゃないですか！

最後になりましたが、本書刊行にあたり、ゴルフダイジェスト社の中村信隆編集主幹のご理解と、また編集・構成にあたっては、江間孝子さん、舟山俊之さんのご尽力を得ました。この場を借りてお礼申し上げます。

２０１３年５月　タケ小山

タケ小山（小山武明）

こやまたけあき。プロゴルファー、ゴルフ解説者。1964年生まれ。東京都出身。89年に米フロリダ州のグレンリーフリゾートの所属プロとして渡米し、米ツアーを中心に各国ツアーに参戦する。2007年に帰国、ツアーに参戦。08年に早稲田大学大学院に入学しスポーツマネジメントを学ぶ。テレビやラジオなど幅広いメディアで活躍し、軽妙なトークと辛口解説で人気。

ゴルフダイジェスト新書30

ゴルフは100球打つより見てなんぼ！

２０１３年５月１７日　初版発行

著　者　タケ小山
発行者　木村玄一
発行所　ゴルフダイジェスト社
〒105-8670　東京都港区新橋6-18-5
TEL 03（3432）4411（代表）　03（3431）3060（販売部）
e-mail gbook@golf-digest.co.jp
URL http://www.golf-digest.co.jp/digest
ゴルフダイジェストの本がネットで買える「ゴルフの本屋さん」
「ゴルフポケット」で検索　http://www.g-pocket.jp

定価はカバーに表記してあります。乱丁、落丁の本がございましたら、
小社販売部までお送りください。送料本社負担でお取り替えいたします。

ISBN978-4-7728-4147-4 C2075